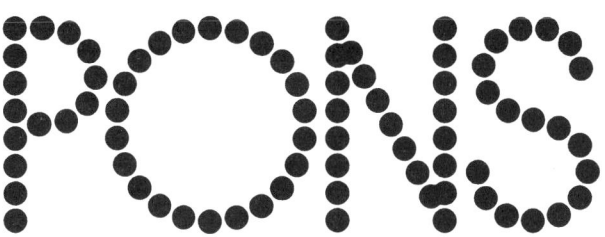

Grammatik Russisch
im Griff

W0086675

von
Jutta Schmidt
unter Mitarbeit von
Monika Gerber

Ernst Klett Verlag
Stuttgart · Düsseldorf · Leipzig

PONS
Grammatik Russisch im Griff

von Jutta Schmidt
unter Mitarbeit von Dr. Monika Gerber

Dieses Werk ist inhaltlich identisch mit
Russische Grammatik im Griff, ISBN 3-12-560965-8.

Auflage A 1 ⁴ ³ ² ¹ | 2003   2002   2001   2000

Redaktion: Karin Töpfer
Einbandgestaltung: Erwin Poell, Heidelberg;
Metzger & Schmidt (Designbüro MESCH), Mannheim
Layout/Satz: a-z Publishing, Leipzig,
Markus Dollenbacher, Stuttgart
Druck: Druckerei zu Altenburg, Altenburg
Printed in Germany
ISBN 3-12-560888-0

So benutzen Sie dieses Buch

Russische Grammatik im Griff ist ein Buch zum Nachschlagen, Lernen und Üben.

Sie sind der Typ des / der modernen Lernenden: mit wenig Zeit, aber einem hohen Bedarf an schnell zugänglichen und gut aufbereiteten Informationen. Wenn Sie bemerken, dass Sie bei bestimmten grammatischen Erscheinungen immer wieder Schwierigkeiten haben, wollen Sie diese Probleme sicher kurzfristig und gründlich beseitigen. Um rasch die richtige Stelle im Buch finden, helfen Ihnen das **Inhaltsverzeichnis** *und der* **Wortindex** *am Ende des Buches bei der Suche.*

Aufbau eines Grammatikkapitels:

 Hier können Sie die Sprache unter die Lupe nehmen:
Sie sehen das Grammatikthema des Abschnitts im Satzzusammenhang und finden zur sicheren Darstellung der Bedeutung oft eine deutsche Übersetzung.

 Hier erfahren Sie, wie Sie das Puzzle der Wörter richtig zusammenfügen: Tabellen und Übersichten zeigen Ihnen die wichtigsten Formen der Wörter und wie Sie sie richtig in Sätze einbauen.

 *Achtung! Hier folgen wichtige Hinweise zu häufigen Missverständnissen und Schwierigkeiten, denen Sie beim Russischlernen begegnen.*

Проверьте себя *Wollen Sie sicher gehen, dass Sie das Wesentliche verstanden haben? 26 Tests zu den wichtigsten Grammatikkapiteln ermöglichen Ihnen eine schnelle Überprüfung Ihrer gewonnenen Kenntnisse.*

Grammatikbegriffe in der Übersicht

Adjektiv	Eigenschaftswort
Adverb	Umstandswort
Adverbialpartizip	Verbform mit den Merkmalen eines Adjektivs
Akkusativ	4. Fall
Aktiv	Handlungsrichtung; Tatform
Aspekt	Betrachtungsweise der Handlung des Verbs
Attribut	Beifügung
Dativ	3. Fall
Deklination	Beugung von Substantiven, Artikeln, Pronomen, Adjektiven
feminin	weiblich
Futur	Zukunft
Genitiv	2. Fall
Genus	Geschlecht
Imperativ	Befehlsform
imperfektiver Aspekt	unvollendeter Aspekt
Indikativ	Wirklichkeitsform
Infinitv	Nennform des Verbs
Instrumental	5. Fall
Intransitives Verb	Verb, das ohne Akkusativobjekt gebraucht wird
Kasus	Fall
Komparativ	Vergleichsform des Adjektivs; Mehrstufe
Konjugation	Beugung des Verbs
Konjunktiv	Möglichkeitsform
Konsonant	Mitlaut
Kontext	umgebender Text; Zusammenhang
maskulin	männlich
neutral	sächlich
Nominativ	1. Fall
Numerus	Zahlform (Singular, Plural)
Objekt	in seinem Kasus direkt durch das Prädikat bestimmtes Satzglied
Partizip	Wortform zwischen Adjektiv und Verb
Passiv	Handlungsrichtung; Leideform
perfektiver Aspekt	vollendeter Aspekt
Personalpronomen	persönliches Fürwort
Plural	Mehrzahl
Pluraliatantum	Substantive, die nur im Plural gebraucht werden
Possessivpronomen	besitzanzeigendes Fürwort
Prädikat	Satzaussage
Präfigierung	Wortbildung durch Präfix
Präfix	Vorsilbe

Präposition	Verhältniswort
Präpositiv	6. Fall
Präsens	Gegenwart
Präteritum	Vergangenheit
Pronomen	Fürwort
reflexiv	rückbezüglich
Reflexivpronomen	rückbezügliches Fürwort
Relativpronomen	bezügliches Fürwort
reziprok	wechselbezüglich
Singular	Einzahl
Singulariatantum	Substantive, die nur im Singular gebraucht werden
Subjekt	Satzgegenstand
Substantiv	Haupt-, Dingwort
Suffigierung	Wortbildung durch Suffix
Suffix	Nachsilbe
Superlativ	Vergleichsform des Adjektivs; Meiststufe
transitives Verb	Verb, dessen Handlung auf ein Objekt im 4. Fall gerichtet ist
Verb	Tätigkeitswort
Vokal	Selbstlaut

Inhaltsverzeichnis

Substantiv

Substantive bezeichnen Gegenstände im weitesten Sinne wie:

Gattungsnamen	человéк, дéвочка, лес
Eigennamen	Пётр, Нóвгород, Невá
Stoffnamen	сáхар, ýголь, молокó
Sammelnamen	посýда, бельё, товáрищество
konkrete Substantive	карандáш, кнѝга, окнó
abstrakte Substantive	мир, терпéние

belebte Substantive	отéц, собáка	Der Unterschied ist für die
unbelebte Substantive	дом, рýчка	**Bildung des Akkusativ** wichtig.

Genus der Substantive

Das Russische verfügt über drei Genera:

maskulin	врач	der Arzt, ein Arzt	Es gibt weder einen be-
feminin	шкóла	die Schule, eine Schule	stimmten, noch einen
neutral	óзеро	der See, ein See	unbestimmten Artikel.

Das Genus erkennt man an der Endung des Nominativ Singular.

стол_
мáльчик_
музéй_

Maskulina sind **endungslos**. Sie lauten auf einen harten oder weichen Konsonanten aus.

преподавáтель_

Wortstamm auf **-ь**

письмó
пóле
бельё

Neutra enden auf **-о, -е, -ё**.

врéмя

Ausnahme: Substantive auf **-мя**

дрýжба
недéля
жизнь_
рáдость_
мать_

Feminina enden auf **-а, -я**
oder
sie sind endungslos (Wortstamm auf **-ь**).

учи́тель, день (maskulin)
но́вость, о́сень (feminin)

Substantive mit Wortstamm auf -ь können maskulin oder feminin sein.

Grammatisches und natürliches Geschlecht

Мой дя́дя прие́хал вчера́.
Поговори́те с **ва́шим** де́душкой.
Ско́лько лет **твоему́** па́пе?
Наш Ва́ня тебе́ всегда́ помо́жет.

*Einige Feminina bezeichnen männliche Personen. Das Prädikat und hinzutretende Attribute richten sich hierbei nach dem **natürlichen** Geschlecht.*

Substantive zweierlei Geschlechts

Врач уже́ **пришёл** к больно́му.
Der Arzt ist schon zu dem Kranken gekommen.
Врач уже́ **пришла́** к больно́му.
Die Ärztin ist schon zu dem Kranken gekommen.
Како́й **он у́мница**!
Was für ein kluger Junge er ist!
Кака́я **она́ у́мница**!
Was für ein kluges Mädchen sie ist!

Einige Substantive können sowohl männliche als auch weibliche Personen bezeichnen, wie: врач, дире́ктор, колле́га, у́мница, сирота́.

Der Kontext verweist auf das natürliche Geschlecht.

Genus undeklinierbarer Substantive

бюро́	купе́	такси́
жюри́	меню́	фойе́
интервью́	метро́	хо́бби
кафе́	пальто́	шо́у
кино́	ра́дио	
ко́фе	маэ́стро	
мисс	ле́ди	

***Undeklinierbare Substantive** sind meist Fremdwörter und gehören zu den Neutra.*

Ausnahmen:
maskulin
feminin

Genus undeklinierbarer Abkürzungen

РФ = Росси́йская **Федера́ция**
РФ подписа́ла э́то соглаше́ние.
СНГ = **Содру́жество** Незави́симых Госуда́рств
Бы́ло со́здано СНГ.
ФРГ = Федерати́вная **Респу́блика** Герма́ния
ФРГ заключи́ла догово́р с Фра́нцией.

*Das Genus **undeklinierbarer Abkürzungen** wird durch das Grundwort bestimmt.*

Numerus der Substantive

Im Russischen gibt es – wie im Deutschen – zwei Numeri: Singular und Plural.

Bildung des Nominativ Plural

собо́р – собо́ры	*Bei <u>maskulinen und femininen</u> Substantiven*
текст – те́ксты	*wird angefügt:*
бу́ква – бу́квы	*-ы (wenn der Stammauslaut hart ist)*
шко́ла – шко́лы	
слова́рь – словари́	*-и (wenn der Stammauslaut weich ist)*
музе́й – музе́и	
неде́ля – неде́ли	
дверь – две́ри	
кни́га – кни́ги	*-и (nach г, к, х)*
уче́бник – уче́бники	
пасту́х – пастухи́	
каранда́ш – карандаши́	*-и (nach Zischlauten)*
врач – врачи́	
а́дрес – адреса́	*Einige Maskulina bilden den Nominativ*
дом – дома́	*Plural auf -á bzw. -я́.*
го́род – города́	
по́езд – поезда́	
учи́тель – учителя́	
граждани́н – гра́ждане	*Einige Maskulina verändern im Plural*
россия́нин – россия́не	*ihren Stamm.*
господи́н – господа́	
рот – рты	*Bei einigen Substantiven tritt die Erschei-*
ве́тер – ве́тры	*nung des sog. "flüchtigen e / o" auf.*
ковёр – ковры́	
ме́сто – места́	*Bei <u>neutralen</u> Substantiven wird angefügt:*
окно́ – о́кна	*-a (wenn der Stammauslaut hart ist)*
мо́ре – моря́	*-я (wenn der Stammauslaut weich ist).*
зда́ние – зда́ния	*Hierbei wechselt häufig die Betonung.*
друг – друзья́	*Einige Substantive haben einen **unregel-***
брат – бра́тья	***mäßigen Plural** auf -ья.*
муж – мужья́	
де́рево – дере́вья	

Singulariatantum

Einige Substantive treten nur im Singular auf, wie z.B.:

картóфель, молокó, виногрáд	*Stoffnamen*
бельё, мéбель, молодёжь	*Sammelnamen*
здорóвье, добротá, весёлость	*Abstrakta*
март, декáбрь	*Monatsnamen*
сéвер, востóк	*Himmelsrichtungen*

Pluraliatantum

Einige Substantive treten nur im Plural auf, wie z.B.:

брю́ки, очкѝ, ворóта	*als Paar betrachtete Dinge*
канѝкулы	*Zeitabschnitte*
сýтки (24 Stunden)	
бýдни (Werk-, Alltag)	
фрýкты, дéньги, дровá	*Stoffmengen*
Áльпы, Карпáты, Афѝны	*Eigennamen*
США = Соединённые Штáты Амéрики	

часы́ (die Uhr)	*Einige Pluraliatantum haben auch*
час (die Stunde)	*Singularformen, die jedoch eine*
вы́боры (Wahlen)	***andere Bedeutung** haben.*
вы́бор (die Auswahl)	

1. Ordnen

Ordnen Sie die folgenden Substantive nach dem Genus.

исто́рия – и́мя – разви́тие – день – обстоя́тельство – ры́нок – поли́тика – сцена́рий – вопро́с – поэ́зия – предприя́тие – столи́ца – зна́мя – значе́ние – геро́й – програ́мма – торго́вля – санато́рий – сча́стье – ночь – же́ртва – кри́зис – реше́ние – фи́рма – сло́во – пе́сня – наро́д – зерно́ – слу́чай – чино́вник – спекта́кль

Maskulina:

_____

_____

Feminina:

_____

_____

Neutra:

_____

_____

2. Trennen

Unterteilen Sie in Maskulina und Feminina.

жизнь – янва́рь – ра́дость – степь – сле́сарь – дверь – о́сень – рубль – библиоте́карь – автомоби́ль – ме́бель – по́мощь – дека́брь – сталь – любо́вь – замести́тель – гость – кровь – пло́щадь – кора́бль – промы́шленность – специа́льность – строи́тель – смерть – боле́знь – у́голь – ого́нь – ка́мень – речь – роль – медве́дь – зверь – власть – но́вость – дождь – у́ровень – контро́ль – све́жесть – Кремль – нефть – часть – тетра́дь

Maskulina:

_____

_____

Feminina:

_____

_____

3. Ergänzen

Erkennen Sie das Genus der Substantive und ergänzen Sie die Endungen der Adjektive.

ру́сск＿＿ язы́к   практи́ческ＿＿ о́бласть   ста́р＿＿ изда́ние

опа́сн＿＿ боле́знь   холо́дн＿＿ февра́ль   реа́льн＿＿ угро́за

наро́дн＿＿ музе́й   изве́стн＿＿ фами́лия   но́в＿＿ выраже́ние

про́шл＿＿ о́сень   беспла́тн＿＿ путеше́ствие   больш＿＿ траге́дия

ка́жд＿＿ день   молод＿＿ исполни́тель   высо́к＿＿ у́ровень

кни́жн＿＿ магази́н   интере́сн＿＿ выступле́ние   же́нск＿＿ и́мя

городск＿＿ ра́дио   вчера́шн＿＿ меню́   тёпл＿＿ пальто́

симпати́чн＿＿ ле́ди   необыкнове́нн＿＿ хо́бби   свобо́дн＿＿ такси́

удо́бн＿＿ купе́   горя́ч＿＿ ко́фе   ую́тн＿＿ кафе́

4. Übersetzen

a) Übersetzen Sie ins Russische. Achten Sie auf das <u>natürliche</u> Geschlecht.

1. Er hat schon mit meinem Onkel gesprochen.
2. Mein Großvater ist achtzig Jahre alt.
3. Mein Vater arbeitet in einer kleinen Firma.
4. Unser Wowa hat immer Glück.
5. Wie alt ist Ihr Onkel?
6. Euer Jura ist schon gekommen.

b) Übersetzen Sie ins Deutsche.

1. Познако́мьтесь, э́то наш но́вый колле́га.
2. Поговори́те об э́том вопро́се с но́вой колле́гой.
3. Ве́ра Алекса́ндровна о́пытный дире́ктор.
4. Э́тот ма́льчик – кру́глый сирота́.
5. Ири́на Макси́мовна изве́стный архите́ктор.
6. Врач обрати́лась к роди́телям больно́го ребёнка.

5. Bilden

Bilden Sie von den Substantiven den Nominativ Plural.

пассажи́р	фи́рма	о́блако	па́спорт	предприя́тие
строи́тель	учи́тель	а́рмия	го́род	роль
врач	санато́рий	год	худо́жник	пла́тье
писа́тель	ве́чер	посу́да	бе́рег	эта́ж
отец	лес	день	пло́щадь	глаз
фа́брика	пода́рок	молоко́	горожа́нин	реда́кция
дворец	капу́ста	век	англича́нин	мне́ние

6. Einsetzen

Setzen Sie die fehlenden Endungen (Nominativ Plural) ein.

А. Михаи́л И. Гли́нка.
Гли́нку счита́ют основополо́жником ру́сской национа́льной музыка́льной
культу́ры. Ему́ принадлежа́т изве́стные музыка́льные произведе́ни___ :
симфо́ни___ , о́пер___ , рома́нс___ . Совреме́нник___ с восто́ргом встре́тили
о́перу Гли́нки "Ива́н Суса́нин". День пе́рвого исполне́ния э́той о́перы отмеча́ют
как день рожде́ния ру́сской о́перы. Сюже́том для о́пер и рома́нсов ча́сто
служи́ли поэ́м___ и стих___ А. С. Пу́шкина. Так Гли́нка, наприме́р, озву́чил
романти́ческую поэ́му Пу́шкина "Русла́н и Людми́ла".

Б. Худо́жник___ - передви́жник___ .
В 60-е год___ про́шлого ве́ка возни́кли револю́ци́онно-демократи́ческие иде́___
в Росси́и. Худо́жник___ стреми́лись прибли́зить иску́сство к жи́зни. Их
произведе́ни___ отрази́ли волну́ющие их вопро́с___ действи́тельности. В 1870
году́ в Москве́ бы́ло со́здано "Това́рищество передвижны́х вы́ставок".
"Това́риществом" устра́ивались многочи́сленные вы́ставк___ произведе́ний
худо́жников. Поло́тн___ передви́жников напи́саны на са́мые ра́зные
сюже́т___ . У Ре́пина, наприме́р, есть замеча́тельные портре́т___ . Мно́гие
карти́н___ посвящены́ жи́зни ру́сского наро́да. Его́ карти́н___ таки́е, как
"Бурлаки́ на Во́лге" и "Ива́н Гро́зный и его́ сын Ива́н" всеми́рноизве́стны.
Истори́ческие собы́ти___ в Росси́и – э́то люби́мые те́м___ Су́рикова. Са́мые
изве́стные его́ рабо́т___ – карти́н___ "Боя́рыня Моро́зова" , "У́тро стреле́цкой
ка́зни" и др. Наро́дные был

и́н___ , ска́зк___ и леге́нд___ вы́звали интере́с
худо́жника Васнецо́ва. Ита́к, о́браз___ его́ картин – э́то геро́___ наро́дных
ска́зок. Мно́гие произведе́ни___ передви́жников сего́дня вы́ставлены в
Третьяко́вской галере́е в Москве́.

1. Maskulina: день – ры́нок – сцена́рий – вопро́с – геро́й – санато́рий – кри́зис – наро́д – слу́чай – чино́вник – спекта́кль

Feminina: исто́рия – поли́тика – поэ́зия – столи́ца – програ́мма – торго́вля – ночь – же́ртва – фи́рма – пе́сня

Neutra: и́мя – разви́тие – обстоя́тельство – предприя́тие – зна́мя – значе́ние – сча́стье – реше́ние – сло́во – зерно́

2. Maskulina: янва́рь – сле́сарь – рубль – библиоте́карь – автомоби́ль – дека́брь – замести́тель – гость – кора́бль – строи́тель – у́голь – ого́нь – ка́мень – медве́дь – зверь – дождь – у́ровень – контро́ль – Кремль

Feminina: жизнь – ра́дость – степь – дверь – о́сень – ме́бель – по́мощь – сталь – любо́вь – кровь – пло́щадь – промы́шленность – специа́льность – смерть – боле́знь – речь – роль – власть – но́вость – све́жесть -нефть – часть – тетра́дь

3.

ру́сский язы́к	практи́ческая о́бласть	ста́рое изда́ние
опа́сная боле́знь	холо́дный февра́ль	реа́льная угро́за
наро́дный музе́й	изве́стная фами́лия	но́вое выраже́ние
про́шлая о́сень	беспла́тное путеше́ствие	больша́я траге́дия
ка́ждый день	молодо́й исполни́тель	высо́кий у́ровень
кни́жный магази́н	интере́сное выступле́ние	же́нское и́мя
городско́е ра́дио	вчера́шнее меню́	тёплое пальто́
симпати́чная ле́ди	необыкнове́нное хо́бби	свобо́дное такси́
удо́бное купе́	горя́чий ко́фе	ую́тное кафе́

4. a) 1. Он уже́ (по)говори́л с мои́м дя́дей. 2. Моему́ де́душке во́семьдесят лет. 3. Мой оте́ц рабо́тает в ма́ленькой фи́рме. 4. На́шему Во́ве всегда́ везёт. 5. Ско́лько лет ва́шему дя́де? 6. Ваш Юра уже́ пришёл.

b) 1. Machen Sie sich bekannt, das ist unser neuer Kollege. 2. Sprechen Sie mit der neuen Kollegin über diese Frage. 3. Wera Alexandrowna ist eine erfahrene Direktorin. 4. Dieser Junge ist Vollwaise. 5. Irina Maximowna ist eine bekannte Architektin. 6. Die Ärztin wandte sich an die Eltern des kranken Kindes.

5.

пассажи́ры	фи́рмы	облака́	паспорта́	предприя́тия
строи́тели	учителя́	а́рмии	города́	ро́ли
врачи́	санато́рии	го́ды	худо́жники	пла́тья
писа́тели	вечера́	посу́да*	берега́	этажи́
отцы́	леса́	дни	пло́щади	глаза́
фа́брики	пода́рки	молоко́*	горожа́не	реда́кции
дворцы́	капу́ста*	века́	англича́не	мне́ния

* Singulariatantum

6. А. произведе́ния: симфо́нии, о́перы, рома́нсы – Совреме́нники – поэ́мы и стихи́

Б. Худо́жники-передви́жники – го́ды – иде́и – Худо́жники – произведе́ния – вопро́сы – вы́ставки – Поло́тна – сюже́ты – портре́ты – карти́ны – карти́ны – собы́тия – те́мы – рабо́ты – карти́ны – были́ны, ска́зки и леге́нды – о́бразы – геро́и – произведе́ния

Belebtheit und Unbelebtheit der Substanive

Im Russischen werden belebte und unbelebte Substantive unterschieden.
*Zu den **belebten** Substantiven zählen:*

отéц, мать, сын, дочь
кот, лóшадь, корóва, живóтное

Personen- und
Tierbezeichnungen

*Die Unterteilung in belebte und unbelebte Substantive ist für die Bildung **maskuliner** **Akkusativformen** im **Singular** sowie **aller Akkusativformen** im **Plural** entscheidend.*

Nom. Sg. мáльчик_ – учúтель_
Gen. Sg. мáльчика – учúтеля
Akk. Sg мáльчика – учúтеля

*Bei belebten maskulinen Substan-tiven ist **Akk. Sg. = Gen. Sg.***

Nom. Sg. гóрод_ – музéй_
Gen. Sg. гóрода – музéя
Akk. Sg. гóрод_ – музéй_

*Bei unbelebten maskulinen Sub-stantiven ist **Akk. Sg. = Nom. Sg.***

Nom. Pl. читáтели – дóчери – живóтные
Gen. Pl. читáтелей – дочерéй – живóтных
Akk. Pl. читáтелей – дочерéй – живóтных

*Im Plural ist bei allen belebten Substantiven **Akk. Pl. = Gen. Pl.***

Nom. Pl. фúльмы – кнúги
Gen. Pl. фúльмов – книг
Akk. Pl. фúльмы – кнúги

*Bei allen unbelebten Substan-tiven ist **Akk. Pl. = Nom. Pl.***

Он знáет э́тот класс.

Einige Sammelnamen sind grammatisch unbelebt.

belebt	unbelebt
Мать лю́бит своегó сы́на.	Мать лю́бит роднóй гóрод.
Мы знáем э́того учúтеля.	Мы знáем э́тот музéй.
Он вúдел свойх читáтелей.	Он ужé вúдел все фúльмы.
Онá взялá дочерéй с собóй.	Онá взялá все кнúги с собóй.

15

1. Ordnen

Ordnen Sie die Substantive nach belebten und unbelebten.

учени́к	класс	подру́га	слóво	пти́ца
у́лица	учёный	маши́на	недéля	предприя́тие
жизнь	насекóмое	расскáз	председáтель	престу́пность
концéпция	женá	ребёнок	пассажи́р	óбщество

Belebte Substantive: _____

_____

Unbelebte Substantive: _____

_____

2. Ergänzen

Ergänzen Sie die entsprechenden Endungen im Akkusativ Singular bzw. Plural.

1. Мне предстáвили нóвого _____ ру́сского языкá. преподавáтель
2. Где ты встрéтил _____ Свéты? подру́ги
3. Вы читáли _____ Айтмáтова? ромáн
4. Вы знáете _____ учи́теля? дóчери
5. Я люблю́ читáть _____ Пу́шкина. пóвести
6. Вы ви́дели свои́х _____ ? сёстры
7. Ивáн Петрóвич води́л _____ на вы́ставку. класс
8. Дáйте мне, пожáлуйста, _____ со столá. кни́га
9. На день рождéния мне подари́ли _____ . кот
10. Мы осмотрéли все _____ в цéнтре гóрода. плóщади

Lösungen

Deklination der Substantive

Unter Deklination der Substantive versteht man die Veränderung nach Kasus und Numerus. Fast alle Substantive lassen sich im Singular einem der **drei Deklinationstypen** zuordnen.

шкаф	*I. Deklination*
жи́тель	*endungslose Maskulina auf*
трамва́й	*harten oder weichen (-ь, -й) Konsonanten*
письмо́	*und Neutra auf -о, -е, -ё*
по́ле	
бельё	
ко́мната	*II. Deklination*
неде́ля	*Feminina auf -а und -я*
ли́ния	*sowie*
па́па	*Maskulina auf -а / -я*
жизнь	*III. Deklination (sog. i-Deklination)*
тетра́дь	*endungslose Feminina auf -ь*

Im **Plural** verändern sich die Substantive nach einem **einheitlichen Grundtyp**.

I. Deklination – Maskulina

Singular				
	Stamm auf harten Konsonanten (außer ж, ш)	Stamm auf weichen Konsonanten (außer ч, щ)		Stamm auf Zischlaut
Nom.	стол__	слова́рь	трамва́й	эта́ж__
Gen.	стола́	словаря́	трамва́я	этажа́
Dat.	столу́	словарю́	трамва́ю	этажу́
Akk.	стол__	слова́рь	трамва́й	эта́ж__
Instr.	столо́м	словарём	трамва́ем	этажо́м
Präp.	о столе́	о словаре́	о трамва́е	об этаже́

Plural				
Nom.	столы́	словари́	трамва́и	этажи́
Gen.	столо́в	словаре́й	трамва́ев	этаже́й
Dat.	стола́м	словаря́м	трамва́ям	этажа́м
Akk.	столы́	словари́	трамва́и	этажи́
Instr.	стола́ми	словаря́ми	трамва́ями	этажа́ми
Präp.	о стола́х	о словаря́х	о трамва́ях	об этажа́х

I. Deklination – Neutra

Singular			
	Stamm auf harten Konsonanten	Stamm auf weichen Konsonanten	
Nom.	ме́сто	по́ле	зда́ние
Gen.	ме́ста	по́ля	зда́ния
Dat.	ме́сту	по́лю	зда́нию
Akk.	ме́сто	по́ле	зда́ние
Instr.	ме́стом	по́лем	зда́нием
Präp.	о ме́сте	о по́ле	о зда́нии

Plural			
Nom.	места́	поля́	зда́ния
Gen.	мест_	поле́й	зда́ний_
Dat.	места́м	поля́м	зда́ниям
Akk.	места́	поля́	зда́ния
Instr.	места́ми	поля́ми	зда́ниями
Präp.	о места́х	о поля́х	о зда́ниях

матема́тик – матема́тики
эта́ж – этажи́

Nach г, к, х und Zischlauten schreibt man -и-, nicht -ы-.

эта́ж – этажо́м
оте́ц – отцо́в
лицо́ – лицо́м
<u>aber:</u>
това́рищ – това́рищем
ме́сяц – ме́сяцем
жили́ще – жили́щем

Nach Zischlauten und -ц- schreibt man betont -о́- und unbetont -е-.

слова́рь – словарём
бельё – бельём
<u>aber:</u>
музе́й – музе́ем
учи́тель – учи́телем
мо́ре – мо́рем

Nach weichen Konsonanten schreibt man betont -ё- und unbetont -е-.

Besonderheiten:

Я встре́тил го́стя / госте́й.			*Bei belebten Substantiven ist Akk. = Gen.*
Мы уви́дели дире́ктора / директоро́в.			

пода́рок	оте́ц	костёр	*Bei einigen **Maskulina** fällt beim De-*
пода́рка	отца́	костра́	*klinieren der Vokal -o- oder -e- / -ё-*
пода́рку	отцу́	костру́	*im Stammauslaut aus.*
пода́рок	отца́	костёр	
пода́рком	отцо́м	костро́м	
о пода́рке	об отце́	о костре́	

пода́рки	отцы́	костры́
пода́рков	отцо́в	костро́в
usw.		

окно́ – о́кна – о́кон	*Lautet der Stamm eines **Neutrums** auf*
кре́сло – кре́сла – кре́сел	*zwei Konsonanten aus, so wird im*
письмо́ – пи́сьма́ – пи́сем	*endungslosen Gen. Pl. -o- oder -e-*
хозя́йство – хозя́йства – хозя́йств	*eingeschoben, ausgenommen*
изда́тельство – изда́тельства – изда́тельств	*Substantive auf -ство.*

врач – врача́ – врачу́	*Häufig tritt **Betonungswechs**el auf:*
слова́рь – словаря́ – словарю́	*bei Maskulina vom Stamm auf die*
ме́сто – места́, места́ – мест – места́м	*Endung, bei Neutra zwischen Singular*
письмо́ – письма́, пи́сьма – пи́сем	*und Plural.*

На у́лице собрало́сь мно́го наро́ду.	*Einige unbelebte Maskulina haben*
Вы́пало мно́го сне́гу.	*im Gen. Sg. neben der regulären*
Принеси́те мне стака́н ча́ю.	*Endung -а / -я die **Endung -у** / -ю.*
	Sie benennen oft eine bestimmte
	Menge.

бе́рег – на берегу́	*Bei Ortsangaben haben einige*
лес – в лесу́	*unbelebte maskuline Substantive*
сад – в саду́	*nach в und на die **betonte***
у́гол – в углу́	***Endung -ý** / -ю́.*

солда́т – мно́го солда́т	*Einige Maskulina sind im Gen. Pl.*
раз – пять раз	*endungslos, dazu gehören alle*
англича́нин – мно́го англича́н	*Substantive auf -анин /-янин.*
россия́нин – мно́го россия́н	

брат – бра́тья, бра́тьев, бра́тьям
стул – сту́лья, сту́льев, сту́льям
друг – друзья́, друзе́й, друзья́м

*Bei einigen Substantiven tritt im Plural eine **Stammerweiterung** auf.*

де́рево – дере́вья – дере́вьев
крыло́ – кры́лья – кры́льев
пла́тье – пла́тья – пла́тьев
мо́ре – моря́ – море́й
по́ле – поля́ – поле́й

*Diese Neutra haben einen von der Regel **abweichenden** Genitiv Plural.*

граждани́н –
    гра́ждане, гра́ждан, гра́жданам
крестья́нин –
    крестья́не, крестья́н, крестья́нам

*Bei den **Substantiven auf -анин / -янин** wird im Plural der Stamm verkürzt.*

	Sing.	Pl.	Sing.	Pl.
Nom.	вре́мя	времена́	и́мя	имена́
Gen.	вре́мени	времён	и́мени	имён
Dat.	вре́мени	времена́м	и́мени	имена́м
Akk.	вре́мя	времена́	и́мя	имена́
Instr.	вре́менем	времена́ми	и́менем	имена́ми
Präp.	о вре́мени	о времена́х	об и́мени	об имена́х

Neutra auf -мя
Dazu gehören:
зна́мя – Banner
пла́мя – Flamme
се́мя – Samen.

1. Deklinieren

Fügen Sie in die Tabelle die fehlenden Substantive im entsprechenden Fall ein.

Nom.	Gen.	Dat.	Akk.	Instr.	Präp.
Singular					
гóрод	гóрода	гóроду	гóрод	гóродом	о гóроде
———	———	рублю́	———	———	———
огурéц	———	———	———	———	———
———	———	———	———	москвичóм	———
———	———	———	музéй	———	———
день	———	———	———	———	———
———	———	———	———	———	о кружкé
———	———	———	———	слóвом	———
Plural					
———	———	———	———	городáми	———
———	———	———	———	———	о рубля́х
———	———	огурцáм	———	———	———
москвичи́	———	———	———	———	———
———	———	———	музéи	———	———
———	дней	———	———	———	———
———	———	———	———	———	о кружкáх
словá	———	———	———	———	———

2. Einsetzen

Setzen Sie die Wörter im geforderten Kasus im Singular bzw. Plural ein.

a) Genitiv

1. Я пожела́ла ей больши́х _____ в рабо́те.   успе́хи
2. Он всегда́ брал слова́рь своего́ _____ .   друг
3. У _____ сего́дня нет вре́мени.   оте́ц
4. Да́йте мне, пожа́луйста, немно́го _____ .   са́хар
5. Ско́лько _____ в но́вом теа́тре?   места́

b) Dativ

1. Вы написа́ли письмо́ _____ и _____ ?   Андре́й / Ви́ктор
2. Ско́лько лет твоему́ _____ ?   оте́ц
3. Все ученики́ гото́вились к _____ .   экза́мены
4. Шко́льники бы́стро привы́кли к но́вым _____ .   учителя́
5. Покажи́те свои́м _____ , как пройти́ до це́нтра.   го́сти

c) Akkusativ

1. Мы встре́тили на вокза́ле _____ .   спортсме́н
2. Вы хорошо́ по́мните его́ _____ ?   роди́тели
3. Пацие́нт поблагодари́л свои́х _____ .   врачи́
4. Покажи́те нам _____ , _____   теа́тр / музе́и /
    и _____ го́рода.   центр
5. Я вам сове́тую посмотре́ть э́тот _____ .   спекта́кль

d) Instrumental

1. Я о́чень увлека́юсь _____ и _____ .   спорт / языки́
2. Мой ста́рший брат хо́чет стать _____ фи́зики,   учи́тель
    а мла́дший _____ .   био́лог
3. Он о́чень горди́тся свои́ми _____ .   друзья́
4. Моя́ сестра́ давно́ интересу́ется _____   теа́тр /
    и _____ .   те́ннис
5. Пиши́те не _____ , а ру́чкой.   каранда́ш

e) Präpositiv

1. Мой брат живёт на _____ страны́.   се́вер
2. Он рабо́тает в _____ .   порт
3. В э́том _____ у него́ нет о́тпуска.   год
4. Ребя́та говори́ли о _____ спортсме́нов.   результа́ты
5. В газе́те писа́ли о _____ защи́ты   вопро́сы
    окружа́ющей среды́.

3. Ergänzen

Ergänzen Sie den Text über A. S. Puschkin.

Алекса́ндр Серге́евич Пу́шкин был	
вели́ким ру́сским _____	писа́тель
Он роди́лся в 1799-ом _____ . Его́ оте́ц происходи́л	год
из стари́нного дворя́нского _____ . Мать была́	род
вну́чкой знамени́того Ибраги́ма Ганнибала, эфио́па.	
Его́ _____	ма́льчик
привезли́ из А́фрики к _____ Пе́рвому.	царь Пётр
В Росси́и он служи́л в а́рмии, стал _____ .	генера́л
Когда́ Алекса́ндру Серге́евичу Пу́шкину бы́ло	
оди́ннадцать лет, его́ при́няли в _____ ,	лице́й
кото́рый он око́нчил в семна́дцать лет.	
В _____ у _____ бы́ло мно́го друзе́й.	лицей / Пу́шкин
Среди́ них бы́ли и бу́дущие _____ , кото́рые	декабри́ст
уча́ствовали в восста́нии про́тив _____	царь
в _____ 1825 _____ .	дека́брь / год
А. С. Пу́шкин был знамени́тым _____ ,	поэ́т-рома́нтик
а та́кже вели́ким _____ .	реали́ст
Во всём _____ зна́ют его́ _____	мир / рома́н
"Евге́ний Оне́гин". В э́том _____	рома́н
а́втор созда́л широ́кую карти́ну дворя́нского	
о́бщества свое́й эпо́хи.	

1.

Nom.	Gen.	Dat.	Akk.	Instr.	Präp.
Singular					
го́род	го́рода	го́роду	го́род	го́родом	о го́роде
рубль	рубля́	рублю́	рубль	рублём	о рубле́
огуре́ц	огурца́	огурцу́	огуре́ц	огурцо́м	об огурце́
москви́ч	москвича́	москвичу́	москвича́	москвичо́м	о москвиче́
музе́й	музе́я	музе́ю	музе́й	музе́ем	о музе́е
день	дня	дню	день	днём	о дне
кружо́к	кружка́	кружку́	кружо́к	кружко́м	о кружке́
сло́во	сло́ва	сло́ву	сло́во	сло́вом	о сло́ве
Plural					
города́	городо́в	города́м	города́	города́ми	о города́х
рубли́	рубле́й	рубля́м	рубли́	рубля́ми	о рубля́х
огурцы́	огурцо́в	огурца́м	огурцы́	огурца́ми	об огурца́х
москвичи́	москвиче́й	москвича́м	москвиче́й	москвича́ми	о москвича́х
музе́и	музе́ев	музе́ям	музе́и	музе́ями	о музе́ях
дни	дней	дням	дни	дня́ми	о днях
кружки́	кружко́в	кружка́м	кружки́	кружка́ми	о кружка́х
слова́	слов	слова́м	слова́	слова́ми	о слова́х

2.   a) 1. успе́хов 2. дру́га 3. отца́ 4. немно́го са́хару 5. мест

b) 1. Андре́ю и Ви́ктору 2. отцу́ 3. экза́менам 4. учителя́м 5. гостя́м

c) 1. спортсме́на 2. роди́телей 3. враче́й 4. теа́тр, музе́и, центр 5. спекта́кль

d) 1. спо́ртом и языка́ми 2. учи́телем – био́логом 3. друзья́ми 4. теа́тром и те́ннисом
   5. карандашо́м

e) 1. на се́вере 2. в порту́ 3. в году́ 4. о результа́тах 5. о вопро́сах

3.   писа́телем – году́ – ро́да – ма́льчиком – царю́ Петру́ – генера́лом – лице́й – лице́е – Пу́шкина – декабри́сты – царя́ – в декабре́ 1825 го́да – поэ́том-рома́нтиком – реали́стом – Во всём ми́ре – рома́н – рома́не

II. Deklination

Singular		
	Stamm auf harten Konsonanten	Stamm auf weichen Konsonanten
Nom.	ко́мната	неде́ля	ли́ния
Gen.	ко́мнаты	неде́ли	ли́нии
Dat.	ко́мнате	неде́ле	ли́нии
Akk.	ко́мнату	неде́лю	ли́нию
Instr.	ко́мнатой	неде́лей	ли́нией
Präp.	о ко́мнате	о неде́ле	о ли́нии

Plural		
Nom.	ко́мнаты	неде́ли	ли́нии
Gen.	ко́мнат_	неде́ль_	ли́ний_
Dat.	ко́мнатам	неде́лям	ли́ниям
Akk.	ко́мнаты	неде́ли	ли́нии
Instr.	ко́мнатами	неде́лями	ли́ниями
Präp.	о ко́мнатах	о неде́лях	о ли́ниях

доро́га – доро́ги
библиоте́ка – библиоте́ки
переда́ча – переда́чи

Nach **г, к, х** *und Zischlauten
schreibt man* **-и-**, *nicht* **-ы-**.

Besonderheiten:

Са́ша стоя́л на перро́не.
У молодо́го мужчи́ны в рука́х ро́зы.
Други́е пассажи́ры смо́трят на па́пу.
Ви́дно, что они́ говоря́т о Во́ве.

Zur II. Deklination gehören die
Maskulina *auf* **-a / -я** *wie*
мужчи́на, па́па, дя́дя, де́душка
und Kosenamen wie Во́ва, Ви́тя,
Са́ша, Ми́ша.

На вокза́ле мы ви́дим и мужчи́н,
и же́нщин с цвета́ми.

Bei belebten Substantiven auf **-a / -я**
ist Akk. Pl. = Gen. Pl.

страна́, страны́, стране́ –
   стра́ны, стран, стра́нам
звезда́, звезды́ звезде́ –
   звёзды, звёзд, звёздам

*Einzelne zweisilbige, endbetonte
Feminina wechseln im Plural
die Betonung.*

25

мáрка, мáрки – мáрок	*Lautet der Stamm auf zwei Konsonanten*
скáзка, скáзки – скáзок	*aus, so kann im Genitiv Plural*
пéсня, пéсни – пéсен	*-o- / -e- Einschub erfolgen.*
дéвочка, дéвочки – дéвочек	
дерéвня, дерéвни – деревéнь	
земля́, зéмли – земéль	
сестрá, сёстры – сестёр	
семья́, сéмьи – семéй	
статья́, статьи́ – статéй	

III. Deklination

	Singular	Plural	Zahlen auf -ь	
Nom.	тетрáдь	тетрáди	шесть	двáдцать
Gen.	тетрáди	тетрáдей	шести́	двадцати́
Dat.	тетрáди	тетрáдям	шести́	двадцати́
Akk.	тетрáдь	тетрáди	шесть*	двáдцать*
Instr.	тетрáдью	тетрáдями	шестью́	двадцатью́
Präp.	о тетрáди	о тетрáдях	о шести́	о двадцати́

ночь, нóчи – ночáм, ночáми	*Nach Zischlaut schreibt man -a-, nicht -я-.*
лóшадь, лóшади – лошадя́ми / лошадьми́ дочь, дóчери – дочеря́ми / дочерьми́	*Einzelne Substantive haben einen* **abweichenden** *(doppelten)* **Instr. Pl.** *(vgl. людьми́, детьми́).*
Счастли́вого пути́!	*Das Wort путь ist das einzige Wort der III. Deklination, das* **männlich** *ist.*

*Beachten Sie das **flüchtige -o-**!*

Nom.	Gen.	Dat.	Akk.	Instr.	Präp.
любóвь	любви́	любви́	любóвь	любóвью	о любви́
цéрковь	цéркви	цéркви	цéрковь	цéрковью	о цéркви
ложь	лжи	лжи	ложь	лóжью	о лжи
рожь	ржи	ржи	рожь	рóжью	о ржи

*Zur III. Deklination gehören auch **мать** und **дочь**.*

	Singular	Plural	Singular	Plural
Nom.	мать	ма́тери	дочь	до́чери
Gen.	ма́тери	матере́й	до́чери	дочере́й
Dat.	ма́тери	матеря́м	до́чери	дочеря́м
Akk.	ма́ть	матере́й	до́чь	до́черей
Instr.	ма́терью	матеря́ми	до́черью	дочеря́ми
Präp.	о ма́тери	о матеря́х	о до́чери	о дочеря́х

Прове́рьте себя́

1. Deklinieren

Setzen Sie in die Tabelle die fehlenden Substantive im entsprechenden Fall ein.

Nom.	Gen.	Dat.	Akk.	Instr.	Präp.
Singular					
откры́тка	откры́тки	откры́тке	откры́тку	откры́ткой	об откры́тке
	бума́ги	_____	_____	_____	_____
	_____	_____	_____	ку́хней	_____
де́душка	_____	_____	_____	_____	_____
Ва́ня	_____	_____	_____	_____	_____
дверь	_____	_____	_____	_____	_____
	_____	_____	_____	_____	о ча́сти
	_____	_____	ра́дость	_____	_____
де́сять	_____	_____	_____	_____	_____
	_____	_____	двена́дцать	_____	_____
Plural					
откры́тки	_____	_____	_____	_____	_____
	_____	бума́гам	_____	_____	_____
	ку́хонь	_____	_____	_____	_____
	_____	_____	_____	де́душками	_____
две́ри	_____	_____	_____	_____	_____
	часте́й	_____	_____	_____	_____
	_____	ра́достям	_____	_____	_____

2. Einsetzen

Setzen Sie die Wörter im geforderten Kasus im Singular bzw. Plural ein.

a) Genitiv

1. Кого́ за́втра не бу́дет на экску́рсии? _____   Ве́ра, Ва́ля и Та́ня
   _____ не́ бу́дет.

2. Кого́ вчера́ не́ было на пра́зднике? _____   ба́бушка и тётя
   _____ не́ было.

3. У кого́ есть ру́сско-неме́цкий слова́рь? _____   сестра́
   _____ есть.

4. – Далеко́ е́хать до вокза́ла? – Нет, то́лько пять _____ .   остано́вки

5. – Что ты купи́л в кио́ске? – Во́семь _____ .   откры́тки

b) Dativ

1. Она́ це́лый час объясня́ла _____ зада́чу   подру́га /
   по _____ .   матема́тика

2. Ско́лько лет твое́й _____?   сестра́

3. Ты ча́сто помога́ешь твои́м _____?   тётя

4. Ученики́ помогли́ _____ .   учи́тельница

c) Akkusativ

1. Мы три ра́за в _____ хо́дим   неде́ля /
   на _____ .   трениро́вка

2. Сего́дня ему́ предста́вили трёх но́вых _____ .   сотру́дницы

3. Они́ при́были с визи́том в _____ .   Москва́

4. Он проводи́л свои́х госте́й в _____ .   гости́ница

5. Молодо́й врач ещё не зна́ет _____ .   медсёстры

d) Instrumental

1. Мой знако́мый занима́ется _____ и   му́зыка и
   _____ .   исто́рия

2. Моя́ сестра́ хо́чет стать _____ ,   учи́тельница /
   а её подру́га _____ .   медсестра́

3. Он совсе́м не интересова́лся _____ .   вы́ставки

4. Ра́нней _____ приро́да осо́бенно краси́ва.   о́сень

5. Он охо́тно бесе́довал с _____ и _____ .   мать и до́чери

e) Präpositiv

1. Ни́на лю́бит отдыха́ть в _____ .   го́ры
2. Ле́том мы живём на _____ под Москво́й.   да́ча
3. Они́ ка́ждый год отдыха́ют в ю́жных _____ .   стра́ны
4. В _____ собрало́сь мно́го наро́ду.   це́рковь
5. В _____ с э́тим он соверше́нно прав.   связь

3. Ergänzen

Ergänzen Sie den Text.

О Бори́се Пастерна́ке
Неда́вно я чита́л _____ о Пастерна́ке.   1. кни́га
Его́ _____   2. судьба́
меня́ сра́зу заинтересова́ла. Пастерна́к учи́лся
в класси́ческой _____ . _____ 1912 го́да   3. гимна́зия / 4. весна́
он е́здил в _____ .   5. Герма́ния
В Ма́рбурге он учи́л _____ .   6. филосо́фия
В 1914 году́ вы́шел его́ пе́рвый сбо́рник стихо́в.
Я о́чень увлека́юсь его́ _____ .   7. поэ́зия
Чита́я стихи́ поэ́та, мо́жно почу́вствовать связь
ме́жду _____ челове́ка и приро́дой.   8. душа́
Писа́тель всегда́ стреми́лся вы́разить свой _____   9. мы́сли
то́чно и чётко.
Во второ́й _____ двадца́тых годо́в   10. полови́на
он стал изве́стным _____ во   11. поэ́т
всей_____ .   12. страна́
В 1956-ом году́ вы́шел его́ рома́н "До́ктор Жива́го".
В нём Пастерна́к рису́ет истори́ческую _____   13. карти́на
_____ после́дних сорока́ лет. Рома́н   14. Росси́я
в _____ не печа́тался. Он появи́лся   15. Росси́я
в _____ и бы́стро был переведён на други́е языки́. 16. Ита́лия
В 1958-ом году́ Пастерна́ку присуди́ли
Но́белевскую _____ .   17. пре́мия
А на свое́й _____ он был объя́влен преда́телем.   18. ро́дина
То́лько со вре́мени _____ _____ вели́кого   19. перестро́йка
поэ́та на́чали издава́ть опя́ть.   20. кни́ги

1.

Nom.	Gen.	Dat.	Akk.	Instr.	Präp.
Singular					
бума́га	бума́ги	бума́ге	бума́гу	бума́гой	о бума́ге
ку́хня	ку́хни	ку́хне	ку́хню	ку́хней	о ку́хне
де́душка	де́душки	де́душке	де́душку	де́душкой	о де́душке
Ва́ня	Ва́ни	Ва́не	Ва́ню	Ва́ней	о Ва́не
дверь	две́ри	две́ри	дверь	две́рью	о две́ри
ча́сть	ча́сти	ча́сти	ча́сть	ча́стью	о ча́сти
ра́дость	ра́дости	ра́дости	ра́дость	ра́достью	о ра́дости
де́сять	десяти́	десяти́	де́сять	десятью́	о десяти́
двена́дцать	двена́дцати	двена́дцати	двена́дцать	двена́дцатью	о двена́дцати
Plural					
откры́тки	откры́ток	откры́ткам	откры́тки	откры́тками	об откры́тках
бума́ги	бума́г	бума́гам	бума́ги	бума́гами	о бума́гах
ку́хни	ку́хонь	ку́хням	ку́хни	ку́хнями	о ку́хнях
де́душки	де́душек	де́душкам	де́душек	де́душками	о де́душках
две́ри	двере́й	дверя́м	две́ри	дверя́ми	о дверя́х
ча́сти	часте́й	частя́м	ча́сти	частя́ми	о частя́х
ра́дости	ра́достей	ра́достям	ра́дости	ра́достями	о ра́достях

2. *a)* Ве́ры, Ва́ли и Та́ни 2. ба́бушки и тёти 3. у сестры́ 4. пять остано́вок 6. во́семь откры́ток

b) 1. подру́ге – по матема́тике 2. сестре́ 3. тётям 4. учи́тельнице

c) 1. неде́лю – на трениро́вку 2. сотру́дниц 3. в Москву́ 4. в гости́ницу 5. медсестёр

d) 1. му́зыкой и исто́рией 2. учи́тельницей – медсестро́й 3. вы́ставками 4. О́сенью 5. с ма́терью и с дочеря́ми

e) 1. в гора́х 2. на да́че 3. в стра́нах 4. в це́ркви 5. в связи́

3. 1. кни́гу 2. судьба́ 3. в гимна́зии 4. весно́й 5. в Герма́нию 6. филосо́фию 7. поэ́зией 8. между́ душо́й 9. мы́сли 10. во второ́й полови́не 11. поэ́том 12. во всей стране́ 13. карти́ну 14. Росси́и 15. в Росси́и 16. в Ита́лии 17. пре́мию 18. на ро́дине 19. перестро́йки 20. кни́ги

Lösungen

Russische Namen

Алексе́й Петро́вич Никола́ев
Ни́на Петро́вна Никола́ева

*Ein vollständiger russischer Name besteht aus drei Teilen: **Vorname, Vatersname, Familienname**.*

Отца́ зову́т Пётр.
Его́ сын Алексе́й **Петро́вич**.
Его́ дочь Ни́на **Петро́вна**.
Сын Алексе́я Петро́вича –
Серге́й **Алексе́евич**,
а дочь – Тама́ра **Алексе́евна**.

Vatersnamen werden vom Vornamen des Vaters abgeleitet, an dessen Stamm
***bei Söhnen -ович / -евич** und*
***bei Töchtern -овна / -евна** angefügt wird.*
Man spricht Personen, mit denen man per Sie ist, mit Vor- und Vatersnamen an.

Ива́н → Ва́ня, Ваню́ша
Алекса́ндр → Са́ша, Шу́ра
Алексе́й → Алёша, Лёня
Екатери́на → Ка́тя, Катю́ша
Еле́на → Ле́на, Ле́ночка
Гали́на → Га́ля, Галю́ша

Vornamen (in voller Form) mit Vatersnamen werden im offiziellen Umgang gebraucht. Im Alltag gibt es viele Koseformen, die oft eine emotionale Färbung haben.

Михаи́л **Кузнецо́в**
Татья́на **Кузнецо́ва**
Кузнецо́вы

Familiennamen haben eine Form für den Mann, eine Form für die Frau und die Pluralform – "die Kusnezows".

Deklination russischer Namen

Familiennamen mit Adjektivendungen werden wie Adjektive dekliniert.

Nom.	Алекса́ндр Серге́евич Пу́шкин	Лев Никола́евич Толсто́й
Gen.	Алекса́ндра Серге́евича Пу́шкина	Льва Никола́евича Толсто́го
Dat.	Алекса́ндру Серге́евичу Пу́шкину	Льву Никола́евичу Толсто́му
Akk.	Алекса́ндра Серге́евича Пу́шкина	Льва Никола́евича Толсто́го
Instr.	Алекса́ндром Серге́евичем Пу́шкиным	Львом Никола́евичем Толстым
Präp.	об Алекса́ндре Серге́евиче Пу́шкине	о Льве Никола́евиче Толсто́м

Nom.	А́нна Андре́евна Ахма́това	Со́фья Васи́льевна Ковале́вская
Gen.	А́нны Андре́евны Ахма́товой	Со́фьи Васи́льевны Ковале́вской
Dat.	А́нне Андре́евне Ахма́товой	Со́фьи Васи́льевне Ковале́вской
Akk.	А́нну Андре́евну Ахма́тову	Со́фью Васи́льевну Ковале́вскую
Instr.	А́нной Андре́евной Ахма́товой	Со́фьей Васи́льевной Ковале́вской
Präp.	об А́нне Андре́евне Ахма́товой	о Со́фьи Васи́льевне Ковале́вской

Adjektiv

красивый парень
весёлая девушка
вкусное молоко
молодые москвичи

Qualitätsadjektive *drücken eine Eigenschaft aus. Nur diese Adjektive bilden Steigerungsformen, Kurzformen und Adverbien auf -o / -e.*

завтра – завтрашний день
Москва – московская молодёжь
улица – уличное движение
почта – почтовые марки

Beziehungsadjektive *drücken eine Eigenschaft mit Bezug auf einen anderen Begriff aus, von dem sie abgeleitet sind.*

кошкин дом – Katzenhaus
бабушкина кухня – Omas Küche
Берингово море – Beringmeer
отцовы советы – Vaters Ratschläge

Possessivadjektive *drücken eine Zugehörigkeit aus.*

волчий сын – Wolfssohn
птичья клётка – Vogelkäfig
козье молоко – Ziegenmilch
девичьи мечты – Mädchenträume

Gattungsadjektive *drücken die Zugehörigkeit zu einer Gattung, Art aus.*

Deklination der Adjektive – Singular

harter Stammauslaut		maskulin	neutral
Nom.	**-ый**	белый дом	белое облако
Gen.	**-ого**	белого дома	белого облака
Dat.	**-ому**	белому дому	белому облаку
Akk.	**-ый/-ого***	белый дом	белое облако
Instr.	**-ым**	белым домом	белым облаком
Präp.	**-ом**	(о)белом доме	(о) белом облаке

weicher Stammauslaut		maskulin	neutral
Nom.	**-ий**	последний дом	лётнее платье
Gen.	**-его**	последнего дома	лётнего платья
Dat.	**-ему**	последнему дому	лётнему платью
Akk.	**-ий/-его***	последний дом	лётнее платье
Instr.	**-им**	последним домом	лётним платьем
Präp.	**-ем**	(о) последнем доме	(о) лётнем платье

Das Adjektiv unterscheidet wie das zugehörige Substantiv die Kategorien belebt (Akkusativ=Genitiv) und unbelebt (Akkusativ=Nominativ).

Я ви́жу ма́ленького кота́.
Я ви́жу ста́рый дом.

Das г *in den Endungen* -ого *und* -его *wird wie* (в) *gesprochen.*

harter Stammauslaut		feminin
Nom.	-ая	но́вая маши́на
Gen.	-ой	но́вой маши́ны
Dat.	-ой	но́вой маши́не
Akk.	-ую	но́вую маши́ну
Instr.	-ой	но́вой маши́ной
Präp.	-ой	(о) но́вой маши́не

weicher Stammauslaut		feminin
Nom.	-яя	си́няя пти́ца
Gen.	-ей	си́ней пти́цы
Dat.	-ей	си́ней пти́це
Akk.	-юю	си́нюю пти́цу
Instr.	-ей	си́ней пти́цей
Präp.	-ей	(о) си́ней пти́це

Deklination der Adjektive – Plural

harter Stammauslaut (alle Genera)		maskulin	neutral	feminin
Nom.	-ые	ста́рые дома́	бе́лые облака́	чёрные ру́чки
Gen.	-ых	ста́рых домо́в	бе́лых облако́в	чёрных ру́чек
Dat.	-ым	ста́рым дома́м	бе́лым облака́м	чёрным ру́чкам
Akk.	-ые/-ых*	ста́рые дома́	бе́лые облака́	чёрные ру́чки
Instr.	-ыми	ста́рыми дома́ми	бе́лыми облака́ми	чёрными ру́чками
Präp.	-ых	(о) ста́рых дома́х	(о) бе́лых облака́х	(о) чёрных ру́чках

weicher Stammauslaut (alle Genera)				
		maskulin	neutral	feminin
Nom.	-ие	после́дние дома́	пере́дние места́	дома́шние рабо́ты
Gen.	-их	после́дних домо́в	пере́дних мест	дома́шних рабо́т
Dat.	-им	после́дним дома́м	пере́дним места́м	дома́шним рабо́там
Akk.	-ие/-их*	после́дние дома́	пере́дние места́	дома́шние рабо́ты
Instr.	-ими	после́дними дома́ми	пере́дними места́ми	дома́шними рабо́тами
Präp.	-их	(о) после́дних дома́х	(о) пере́дних места́х	(о) дома́шних рабо́тах

Das Adjektiv unterscheidet wie das zugehörige Substantiv die Kategorien belebt (Akkusativ=Genitiv) und unbelebt (Akkusativ=Nominativ).

Я зна́ю ста́рые фи́льмы.
Я зна́ю но́вых студе́нтов.
Я ви́жу краси́вые карти́ны.
Я ви́жу молоды́х соба́к.

Übereinstimmung Adjektiv – Substantiv

высо́кий дом
высо́кая берёза
высо́кое де́рево

Das Adjektiv stimmt mit dem Substantiv überein:
in Genus

высо́кие дома́, берёзы, дере́вья

in Numerus

у высо́кого до́ма
к высо́кой берёзе
на высо́ком де́реве

in Kasus

Мы уви́дели высо́кий дом
и ма́ленького ма́льчика.
Мы уви́дели высо́кие дома́
и ма́леньких ма́льчиков и де́вочек.

ebenfalls bei den Kategorien
belebt und unbelebt im Akkusativ
(maskulin/Singular und alle Genera/Plural)

1. Einsetzen

Setzen Sie die Endungen ein.

изве́стн _____ музе́й	францу́зск _____ язы́к	зи́мн _____ во́здух
изве́стн _____ певи́ца	францу́зск _____ мо́да	зи́мн _____ пого́да
изве́стн _____ де́ло	францу́зск _____ шампа́нское	зи́мн _____ пальто́
изве́стн _____ актёры	францу́зск _____ писа́тели	зи́мн _____ кани́кулы

2. Umformen

Formen Sie die Adjektive im erforderlichen Kasus um.

у́мный ма́льчик	у умн _____ ма́льчика	с у́мн _____ ма́льчиком
широ́кая у́лица	на широ́к _____ у́лице	перейти́ широ́к _____ у́лицу
чи́стое окно́	под чи́ст _____ окно́м	к чи́ст _____ окну́
сре́дние ряды́	от сре́дн _____ рядо́в	над сре́дн _____ ряда́ми

3. Ergänzen

Ergänzen Sie die Adjektivendungen im Text.

Моско́вск _____ гость привёз ма́леньк _____ карти́ну свое́й да́вн _____ подру́ги Ка́ти. Она́ оказа́лась тала́нтлив _____ худо́жницей. На её карти́не изве́стн _____ Кра́сн _____ пло́щадь. На за́дн _____ фо́не видны́ кра́сочн _____ купола́ знамени́т _____ хра́ма Васи́лия Блаже́нного. Спра́ва за кра́сн _____ сте́нами моско́вск _____ Кремля́ стари́нн _____ церко́вн _____ ба́шни. На многолю́дн _____ пло́щади лежи́т тёпл _____ свет ле́тн _____ со́лнца. Впереди́ стои́т краси́в _____ , стро́йн _____ па́рень с настоя́щ _____ ру́сск _____ гармо́шкой. Весёл _____ пе́сней на ста́р _____ гармо́шке он развлека́ет случа́йн _____ прохо́жих. По их ра́достн _____ ли́цам мо́жно

35

можно угада́ть, что он игра́ет заба́вн ____ часту́шку.

Небольш ____ очарова́тельн ____ карти́ной худо́жница вызыва́ет в зри́теле

жела́ние оказа́ться с до́бр ____ друзья́ми на со́лнечн ____ пло́щади.

Lösungen

Kurzform des Adjektivs

сла́б-ый	слаб	*Nur Qualitätsadjektive bilden Kurzformen.*
широ́к-ий	широ́к	*Bildung: Man streicht die Endung **-ый / -ий** und erhält*
до́бр-ый	добр	*die maskuline Kurzform.*
чи́ст-ый	чист	
бы́стр-ый	быстр	

я́сн-ый	я́сен	*In der **maskulinen** Form erfolgt bei mehreren*
тру́дн-ый	тру́ден	*Konsonanten im Stammauslaut oft **-e- / -ё-** Einschub*
у́мн-ый	умён	*und vor "к" **-o-** Einschub.*
гро́мк-ий	гро́мок	
коро́тк-ий	коро́ток	

большо́й	вели́к	*Diese beiden Adjektive haben **keine eigene** Kurzform,*
ма́ленький	мал	*sie nutzen die Formen von вели́кий, ма́лый.*

глубо́к	*Die Kurzform unterscheidet nach Genus und Numerus:*
интере́сен	*maskulin*

слаба́	*feminin*
широка́	
велика́	

чи́сто	*neutral*
тру́дно	
мало́	

умны́	*Plural*
коротки́	
малы́	

Gebrauch der Lang- und Kurzformen

Я познако́мился с **интере́сной**
де́вушкой.
Ich habe ein interessantes Mädchen
kennengelernt.

*Die **Langform** des Adjektivs ist:*
a) Attribut
Sie richtet sich in Genus, Numerus
und Kasus nach dem Beziehungswort.

Де́вушка ещё о́чень **молода́я**.
Das Mädchen ist noch sehr jung.
Она́ была́ о́чень **у́мная / у́мной**.
Sie war sehr klug.

b) Teil des Prädikats
Im Präsens (ohne быть) steht die Lang-
form im Nominativ, im Präteritum
(häufig) im Instrumental.

Вопро́с **ва́жен**.
Die Frage ist wichtig.

*Die **Kurzform** des Adjektivs wird nur*
prädikativ verwendet.

Вопро́с был **я́сен**.
Вопро́с бу́дет **я́сен**.

*Die **Kurzform** steht mit den Formen von*
быть.

Я вам **благода́рен** за по́мощь.
Она́ **согла́сна** с ва́ми.

*Die **Kurzform** des Adjektivs muss im*
Prädikat gebraucht werden, wenn ein
Satzglied (Objekt, adverbiale Bestim-
mung) von ihm abhängt.

Сын **бо́лен**.
Der Sohn ist (z. Zt.) krank.
Оте́ц **больно́й**.
Der Vater ist (chronisch) krank.

*Die **Kurzform** bedeutet einen zeitweiligen*
*Zustand, die **Langform** dagegen einen*
dauernden.

Разгово́р с продавцо́м
– Э́та ю́бка **мо́дна / мо́дная**.

In prädikativer Funktion besteht zwischen
***Lang- und Kurzform** meist kein Unter-*
schied.

Но она́ до́чке бу́дет **коротка́**.
– Вот друга́я ю́бка, но она́,
наве́рное, бу́дет **длинна́**.
– Спаси́бо. Да́йте мне,
пожа́луйста, ещё джи́нсы. Э́ти **малы́**.
– Приходи́те лу́чше ещё раз с до́чкой.

Das Übermaß einer Eigenschaft (zu kurz,
*zu lang ...) wird durch die **Kurzform** aus-*
gedrückt.

до́лжен – müssen, sollen
ну́жен – brauchen
похо́ж – ähnlich sein
рад – froh sein

Она́ была́ **весёлой**. Она́ **ве́село**
смея́лась.
Sie war <u>lustig</u>. Sie lachte <u>lustig</u>.

*Diese sog. prädikativen Adjektive treten
<u>nur</u> als **Kurzform** auf.*

*Im Deutschen sind die Formen von
Adjektiv und Adverb gleichlautend.
Im Russischen muss auf den Unterschied
geachtet werden.*

Steigerung von Adjektiv und Adverb

интере́сный
интере́сно

Nur Qualitätsadjektive und die von ihnen abgeleiteten Adverbien auf -o / -e bilden Steigerungsformen.

Bildung des Komparativs

бо́лее изве́стный
бо́лее изве́стно
ме́нее изве́стный
ме́нее изве́стно

Bei der <u>zusammengesetzten</u> Komparativform wird vor das Adjektiv oder Adverb бо́лее (mehr) bzw. ме́нее (weniger) gesetzt.

изве́стн-ый	изве́стнее
изве́стн-о	изве́стнее
тяжёл-ый	тяжеле́е
тяжел-о́	тяжеле́е

Der <u>einfache</u> Komparativ wird gebildet, indem man die Endung von Adjektiv/ Adverb abtrennt und -ee anfügt.

дорого́й (до́рого)	доро́же
молодо́й	моло́же
по́здний (по́здно)	по́зже
ре́дкий (ре́дко)	ре́же
ни́зкий (ни́зко)	ни́же
лёгкий (легко́)	ле́гче
гро́мкий (гро́мко)	гро́мче
бога́тый (бога́то)	бога́че
коро́ткий (ко́ротко)	коро́че
высо́кий (высоко́)	вы́ше
чи́стый (чи́сто)	чи́ще
ти́хий (ти́хо)	ти́ше
дешёвый	дешёвле
большо́й	бо́льше
ра́нний	ра́ньше
ста́рый	ста́рше

Es gibt eine Reihe unregelmäßig gebildeter Formen, bei denen auch Konsonantenwechsel auftreten kann.

хоро́ший (хорошо́)	**лу́чше**
плохо́й (пло́хо)	**ху́же**
ма́ленький	**ме́ньше**

Komparativformen mit verschiedenen Stämmen

Gebrauch des Komparativs

Сего́дня мы соверши́м экску́рсию
в **бо́лее ста́рый** райо́н го́рода.
Heute machen wir einen Ausflug
in einen älteren Stadtteil.
Мы посети́м вы́ставку **ме́нее изве́стного**
худо́жника.
Wir besuchen die Ausstellung eines weniger
bekannten Künstlers.

*Komparativformen des Adjektivs
werden gebraucht:
a) in Attributfunktion
(zusammengesetzter
Komparativ)*

Коне́чно, э́тот заво́д был **бо́лее кру́пный**.
Selbstverständlich war dieser Betrieb größer.
Но для архео́логов раско́пки
бу́дут **важне́е и поле́знее**.
Aber für Archäologen werden Ausgra-
bungen wichtiger und nützlicher sein.

*b) im Prädikat (zusammen-
gesetzter und einfacher
Komparativ)*

Тётя на три го́да **ста́рше, чем** мать.

*Der Vergleich "als" wird mit
чем gebildet, vor dem immer ein
Komma steht.*

Тётя на три го́да **ста́рше ма́тери**.
Die Tante ist drei Jahre älter als die Mutter.
Наш экскурсово́д Серге́й Миха́йлович
о́пытнее, чем молодо́й колле́га.
(auch: ... **о́пытнее молодо́го** колле́ги.)
Unser Führer Sergej Michajlowitsch ist
erfahrener, als der junge Kollege.

*Die einfache Komparativform
benutzt beim Vergleich mit dem
Subjekt auch nur den **Genitiv**
ohne чем.*

Он **до́льше** ведёт тури́стов по го́роду.
Er führt Touristen länger durch die Stadt.
Поэ́тому он **лу́чше** зна́ет
исто́рию, **чем** Оле́г.
(auch: ... **лу́чше** Оле́га)
Deshalb kennt er auch die Geschichte
besser als Oleg.

*Diese Regeln gelten ebenso für
das vom Adjektiv abgeleitete Adverb auf -o / -e.*

Сергей Михайлович лу́чше зна́ет
ста́рую часть го́рода, чем но́вую.
Sergej Michajlowitsch kennt den alten
Teil der Stadt besser als den neuen.

*Werden andere Satzglieder als das
Subjekt verglichen, steht immer **чем**.*

Но, к сожале́нию, он ху́же говори́т
по-неме́цки, **чем** по-англи́йски.
Aber leider spricht er schlechter Deutsch
als Englisch.

Наде́юсь, что пого́да за́втра бу́дет
полу́чше, чем сего́дня.
Ich hoffe, dass das Wetter morgen etwas
besser als heute sein wird.

***по-** vor dem Komparativ drückt
"**etwas, ein wenig**" aus.*

Bildung des Superlativs

са́мый изве́стный актёр
са́мая популя́рная певи́ца
са́мое широ́кое призна́ние
са́мые интере́сные произведе́ния

*Bei den zusammengesetzten Superla-
tivformen wird **са́мый** vor das Adjektiv gesetzt und wie dieses verändert.*

популя́рнее **всего́**
интере́снее **всего́**
ти́ше **всех**

*Adjektiv und Adverb bilden den zu-
sammengesetzten Superlativ mit Hilfe
der einfachen Komparativform +
всего́ oder **всех**.*

изве́ст**нейший**   изве́стн-ый
популя́р**нейший**   популя́рн-ый
интере́с**нейший**   интере́сн-ый

*Bei der Bildung einfacher Superlativ-
formen fügt man an den Adjektivstamm
-ейш- an.*

широч**а́йший**   широ́к-ий
строж**а́йший**   стро́г-ий
тиш**а́йший**   ти́х-ий

*Endet der Adjektivstamm auf г, к, х, so
tritt Konsonantenwechsel auf
und es steht **-айш-**.*

Gebrauch des Superlativs

Собо́р Свято́й Мари́и **са́мая краси́вая
и са́мая больша́я** це́рковь на́шего о́круга.
Der Dom zur Heiligen Maria ist die schönste
und größte Kirche unserer Gegend.

*Der mit **са́мый** gebildete zusammengesetzte Superlativ des Adjektivs ist
a) Attribut oder*

А дом четы́рнадцатого ве́ка явля́ется
са́мым ста́рым.
Und das Haus aus dem 14. Jahrhundert ist
das älteste.

b) Teil des Prädikats.

И пробле́ма его́ реставра́ции **важне́е всего́**.
Und das Problem seiner Restaurierung ist
am wichtigsten.
Вот че́рез э́тот стари́нный переу́лок путь
коро́че и интере́снее всего́.
Hier durch diese alte Gasse ist der Weg
am kürzesten und am interessantesten.

*Die zusammengesetzte Superlativ-
form des Adjektivs mit **всего́ / всех**
kann nur im Prädikat stehen.*

Внима́тельнее всего́ осма́тривайте
воро́та и две́ри.
Betrachten Sie aufmerksamer als alles andere
die Tore und Türen.
Они́ **я́рче всего́** говоря́т
об о́бразе жи́зни в сре́дние века́.
Sie sprechen am deutlichsten
von der Lebensart im Mittelalter.
А вот дом но́мер четы́ре **лу́чше всех**
сохрани́л ста́рую архитекту́ру.
Und hier das Haus Nr. 4 hat am besten
die alte Architektur erhalten.
Краси́вее всего́ тут отде́лка над вхо́дом.
Am schönsten sind hier die Verzierungen
über dem Eingang.

*Das Adverb bildet den Superlativ
nur mit **всего́ / всех**:
всего́ steht für **"als alles andere"**,
всех steht für **"als alle anderen"**.*

*Superlativformen mit **всего́ / всех**
werden meist **"am ..."** übersetzt.*

Э́тот дом - **ценне́йший** па́мятник
архитекту́ры го́рода.
Das Haus ist ein sehr wertvolles
Baudenkmal der Stadt.
Интере́с к нему́ **широча́йший**.
Das Interesse daran ist überaus breit.

*Der einfache Superlativ des Adjek-
tivs ist Attribut oder Teil des Prädikats. Er drückt oft ein Höchst-
maß aus und wird wiedergegeben
mit: äußerst, sehr, überaus...*

43

1. хоро́ший	лу́чший
плохо́й	ху́дший
2. ста́рый	ста́рший
молодо́й	мла́дший
3. высо́кий	вы́сший
ни́зкий	ни́зший
4. большо́й	бо́льший
ма́ленький	ме́ньший

Моя́ **лу́чшая** подру́га заболе́ла и лежи́т в больни́це.
Meine <u>beste</u> Freundin ist krank geworden und liegt im Krankenhaus.
Там за ней, коне́чно, **лу́чший** ухо́д, чем до́ма.
Dort hat sie natürlich eine <u>bessere</u> Pflege als zu Hause.

Der Kontext ist manchmal entscheidend für die Wiedergabe von Komparativ oder Superlativ.

Её **ста́рший** брат
вчера́ говори́л со **ста́ршим врачо́м**.
Ihr <u>älterer /ältester</u> Bruder
hat gestern mit dem <u>Oberarzt</u> gesprochen.
Тот сказа́л ему́: – У ва́шей сестры́ **больши́е** пробле́мы с се́рдцем, но **бо́льшие** пробле́мы с желу́дком, чем с се́рдцем.
Dieser sagte zu ihm: "Ihre Schwester hat <u>große</u> Probleme mit dem Herzen, aber <u>größere</u> mit dem Magen, als mit dem Herzen.

Diese Formen bilden oft feste Wort-verbindungen, wie z.B.:
ста́рший врач – Oberarzt,
мла́дший лейтена́нт – Unterleutnant,
вы́сшее учебное заведе́ние – Hoch-schule.
***больши́е** – große, **бо́льшие** – größere**

Наилу́чшие ша́нсы у неё, е́сли мы сра́зу сде́лаем опера́цию.
Die <u>allerbesten</u> Chancen hat sie,
wenn wir sie gleich operieren werden.

*наилу́чшие – allerbeste: **наи-** dient zur Verstärkung des Höchstmaßes.*

*

большо́й стол – бо́льший стол
der große Tisch – der größere Tisch
большо́е окно́ – бо́льшее окно́
das große Fenster – das größere Fenster
больша́я пло́щадь – **бо́льшая** пло́щадь
der große Platz – der größere Platz
больши́е тру́дности – **бо́льшие** тру́дности
die großen Schwierigkeiten – die größeren
Schwierigkeiten

*Der Russe setzt ausnahmsweise
ein Betonungszeichen, um den
Komparativ zu kennzeichnen.*

Прове́рьте себя́

1. Erkennen

Unterstreichen Sie die Komparativ- und Superlativformen und übersetzen Sie die Sätze.

Мы е́здили в оди́н из са́мых изве́стных городо́в страны́.
На пое́здку мы затра́тили бо́льше вре́мени, чем бы́ло заплани́ровано.
Но мы е́здили по́ездом, потому́ что э́то бы́ло намно́го деше́вле, чем само-
лётом. Во вре́мя на́шего пребыва́ния там стоя́ла прекра́сная пого́да.
Лу́чший экскурсово́д показа́л нам са́мые интере́сные па́мятные места́.
Мы уви́дели не то́лько древне́йшие па́мятники архитекту́ры, ценне́йшие
карти́ны в музе́е, но и са́мые высо́кие дере́вья в городско́м па́рке.
Я е́здила со свои́м мла́дшим бра́том и его́ друзья́ми. Они́ бы́ли моло́же меня́ лет
на пять. Это была́ весёлая компа́ния. И оди́н был симпати́чнее друго́го.

2. Ersetzen

Setzen Sie die unterstrichenen Adjektive und Adverbien in den Sätzen 1.-6. in den Komparativ und in den Sätzen 7.-13. in den Superlativ.

1. Говори́те гро́мко.
2. Чита́йте ме́дленно.
3. Слу́шайте внима́тельно.
4. Рабо́тай аккура́тно.
5. Приходи́те ча́сто.
6. Мы купи́ли совреме́нный фи́рменный пле́йер.

7. Предлага́ем авто́бусные пое́здки по <u>интере́сным и краси́вым</u> города́м Евро́пы.
8. Продаём почто́вые ма́рки, у нас есть <u>ре́дкие</u> экземпля́ры!
9. В гостя́х у Ива́на Ива́новича <u>ве́село</u>.
10. Он <u>ча́сто</u> расска́зывает анекдо́ты.
11. В гру́ппе де́сять челове́к. Из них Светла́на <u>ма́ло</u> отсутству́ет.
12. А Алексе́й <u>мно́го</u> боле́ет.
13. В гру́ппе Ни́на <u>у́мная</u>.

3. Übersetzen

Wie sagt man auf Russisch:

1. Der Koffer ist schwerer, als ich dachte.
2. Vater ist fünf Jahre älter als Mutter.
3. Swetlana hat mir öfter als Oleg geschrieben.
4. Wir beschäftigen uns intensiver mit Russisch als mit Englisch.

Lösungen

3.
1. Чемода́н тяжеле́е, чем я ду́мал(а). 2. Оте́ц на пять лет ста́рше ма́тери (ста́рше, чем мать). 3. Светла́на мне писа́ла ча́ще Оле́га (ча́ще, чем Оле́г). 4. Мы занима́емся интенси́внее ру́сским языко́м, чем англи́йским.

2.
1. гро́мче / погро́мче 2. ме́дленнее / поме́дленнее 3. внима́тельнее / бо́лее внима́тельно 4. аккура́тнее / бо́лее аккура́тно 5. ча́ще / поча́ще 6. бо́лее совреме́нный 7. интере́снейшим и краси́вейшим / са́мым интере́сным и са́мым краси́вым 8. редча́йшие / са́мые ре́дкие 9. веселе́е всего́ 10. ча́ще всего́ 11. ме́ньше всех 12. бо́льше всех 13. умне́йшая / са́мая у́мная

1.
в оди́н из са́мых изве́стных – бо́льше – деше́вле – прекра́сная – Лу́чший – са́мые интере́сные – древне́йшие – ценне́йшие – са́мые высо́кие – мла́дшим – моло́же – симпати́чнее

Wir fuhren in eine der bekanntesten Städte des Landes. Für die Fahrt brauchten wir mehr Zeit als geplant. Aber wir fuhren mit dem Zug, weil das um vieles billiger war als mit dem Flugzeug. Und während unseres Aufenthalts dort war herrliches Wetter. Der beste Fremdenführer zeigte uns die interessantesten Gedenkstätten. Wir sahen nicht nur die ältesten Architekturdenkmäler, die wertvollsten Bilder im Museum, sondern auch die höchsten Bäume im Stadtpark. Ich fuhr mit meinem jüngeren Bruder und dessen Freunden. Sie waren um die 5 Jahre jünger als ich. Das war eine lustige Gesellschaft. Und einer war sympathischer als der andere.

46

Verb

Das Verb bezeichnet eine Handlung im weitesten Sinne. Es hat eine zentrale Position im Satz.

Verbformen und **Verbkategorien** sind:

де́лать, принести́, помо́чь	*Infinitiv*
я де́лаю	*Konjugation*
ты де́лаешь	*– im Präsens bzw. vollendeten Futur*
он, она́, оно́ де́лает	*– im Singular und Plural*
мы де́лаем	
вы де́лаете	
они́ де́лают	
де́лал, де́лала, де́лало	*Präteritum Singular (maskulin,*
де́лали	*feminin, neutral) und Plural*
он бу́дет де́лать, они́ сде́лают	*Futur*
де́лай, принеси́те	*Imperativ Singular und Plural*
мы сде́лали бы	*Konjunktiv*
я де́лаю, он получа́ет	*unvollendeter Aspekt und*
я сде́лаю, он полу́чит	*vollendeter Aspekt*
де́лающий	*Partizipien: Aktiv Präsens*
де́лавший	*und Aktiv Präteritum,*
де́лаемый	*Passiv Präsens*
сде́ланный	*und Passiv Präteritum*
де́лая, чита́я	*Adverbialpartizipien des*
сде́лав, прочита́в	*unvollendeten und des vollendeten*
	Aspekts

Verben der e-Konjugation

я де́лаю   ich mache
я сде́лаю ich werde machen

де́лать

я	де́лаю
ты	де́лаешь
он	де́лает
она́	де́лает
оно́	де́лает
мы	де́лаем
вы	де́лаете
они́	де́лают

реализова́ть

я	реализу́ю
ты	реализу́ешь
он	реализу́ет
она́	реализу́ет
оно́	реализу́ет
мы	реализу́ем
вы	реализу́ете
они́	реализу́ют

отдохну́ть

я	отдохну́
ты	отдохнёшь
он	отдохнёт
она́	отдохнёт
оно́	отдохнёт
мы	отдохнём
вы	отдохнёте
они́	отдохну́т

расти́

я	расту́
ты	растёшь
он	растёт
она́	растёт
оно́	растёт
мы	растём
вы	растёте
они́	расту́т

Konjugierte Verben des unvollendeten Aspekts sind Präsensformen, des vollendeten Aspekts Futurformen.

Viele Verben
*auf **-ать**: рабо́тать, начина́ть*
*auf **-ять**: гуля́ть, поздравля́ть*
*auf **-е́ть**: старе́ть, боле́ть*
werden so konjugiert.

Bei den Verben auf -овать / -евать
entfallen bei der Konjugation -ова- /-ева-,
*dafür stehen **-у- / -ю-.***
танцева́ть: танцу́ю, танцу́ешь, танцу́ют
организова́ть: организу́ю, организу́ешь,
организу́ют
воева́ть: вою́ю, вою́ешь, вою́ют

*Wenn Verben auf **-нуть** endbetont*
sind, dann wird beim Konjugieren
-e- zu -ё-.

Zur e-Konjugation gehört auch die große Gruppe
der unregelmäßigen Verben auf
*-**сти**: нести́, вести́*
*-**зти**: везти́.*

Verben der i-Konjugation

я плачу́   ich bezahle
я заплачу́   ich werde bezahlen

Konjugierte Verben des unvollendeten Aspekts sind Präsensformen, des vollendeten Aspekts Futurformen.

говори́ть

я	говорю́
ты	говори́шь
он	говори́т
она́	говори́т
оно́	говори́т
мы	говори́м
вы	говори́те
они́	говоря́т

*Die mehrsilbigen Verben auf **-и́ть** werden so konjugiert.*

получи́ть

я	получу́
ты	полу́чишь
он	полу́чит
она́	полу́чит
оно́	полу́чит
мы	полу́чим
вы	полу́чите
они́	полу́чат

*Nach Zischlaut steht in der 1. Person Singular **-у**, in der 3. Person Plural **-ат**.*

ходи́ть: Я регуля́рно хожу́ в теа́тр.
спроси́ть: За́втра я спрошу́ учи́теля.
встре́тить: За́втра я встре́чу учи́теля.
люби́ть: Я люблю́ гото́вить обе́д.
гото́вить: Я ча́сто гото́влю обе́д.

*In der 1. Person Singular tritt häufig **Konsonantenwechsel** ein.*

Unregelmäßige Verben

Lerntipp 1

встре́тить	*Man lernt*
я встре́чу	*die 1. Person Singular*
ты **встре́тишь**	*die 2. Person Singular*
они́ встре́тят	*die 3. Person Plural.*

	Nach der 2. Person Singular richten sich
он, она́, оно́ **встре́тит**	*die 3. Person Singular*
мы **встре́тим**	*die 1. Person Plural*
вы **встре́тите**	*die 2. Person Plural.*

Lerntipp 2

Grundverben mit verschiedenen Präfixen ändern die Bedeutung (und evt. den Aspekt), aber die Konjugationsformen bleiben erhalten. Das ist hilfreich bei unregelmäßigen Verben.

сказа́ть (sagen) – скажу́, ска́жешь, ска́жут
so auch: подсказа́ть (vorsagen) – подскажу́, подска́жешь, подска́жут

Прове́рьте себя́

1. Einsetzen

Komplettieren Sie die Tabelle.

Infinitiv	начина́ть	пра́здновать	ко́нчить	пригласи́ть
я	*начина́ю*			
ты		*пра́зднуешь*		
он, она́, оно́				*пригласи́т*
мы			*ко́нчим*	
вы		*пра́зднуете*		
они́	*начина́ют*			

2. Umformen

Geben Sie den Text im Präsens wieder: Как прохо́дит ка́ждое у́тро.

Как проходи́ло ка́ждое у́тро.
И́горь поднима́лся в шесть часо́в утра́. Он умыва́лся и одева́лся. Пото́м он включа́л ра́дио. Му́зыка игра́ла гро́мко. И мы с до́чкой Та́ней понима́ли, что за́втрак гото́в. Мы то́же умыва́лись, одева́лись. Семья́ всегда́ вме́сте за́втракала. За за́втраком я расска́зывала му́жу но́вости, но И́горь не всегда́ отвеча́л, потому́ что он чита́л све́жую газе́ту. Та́ня обы́чно мно́го спра́шивала и что́-то рисова́ла. В семь часо́в я выключа́ла ра́дио. И мы отправля́лись на рабо́ту и в шко́лу.

3. Ergänzen

Setzen Sie die Verben in der konjugierten Form ein.

Мы все вме́сте *гуля́ем* по це́нтру го́рода.	гуля́ть
Я _____ го́стю из Росси́и па́мятники.	пока́зывать
и _____ из исто́рии го́рода.	расска́зывать
Я _____ по-неме́цки	говори́ть
и _____ ,	замеча́ть
что Ка́тя о́чень _____ .	волнова́ться
Я _____ её:	спра́шивать
– Почему́ ты так _____ ?	волнова́ться
Ка́тя мне _____ :	отвеча́ть
– Ты _____ о́чень бы́стро.	говори́ть
Мой друг И́горь ещё ма́ло _____ по-неме́цки.	понима́ть
Мы _____ с ним всегда́ ме́дленно.	говори́ть

4. Vervollständigen

Vervollständigen Sie die Konjugationsbeispiele mit den fehlenden Formen der 1. und 2. Person Singular sowie der 3. Person Plural.

(geben) unvo. дава́ть: *даю́, даёшь, даю́т*
(weggeben) unvo. отдава́ть: _____
(erfahren) unvo. узнава́ть: *узнаю́,* _____
(anerkennen) unvo. признава́ть: _____
(aufstehen) unvo. встава́ть: _____

(zurückbleiben) unvo. отставáть: _____

(werden) vo. стать: *стáну, стáнешь, стáнут*

(zurückbleiben) vo. отстать: _____

(anziehen) vo. одéть: *одéну, одéнешь, одéнут*

(ausziehen) vo. раздéть: _____

(sein) unvo. быть: *бýду, бýдешь, бýдут*

(vergessen) vo. забы́ть: _____

(besetzen, einnehmen) vo. заня́ть: *займý, займёшь, займýт*

(verstehen) vo. поня́ть: *поймý,* _____

(öffnen) vo. откры́ть: *открóю, открóешь, открóют*

(schließen) vo. закры́ть: _____

(waschen) unvo. мыть: *мóю,* _____

(schlagen) unvo. бить: *бью, бьёшь, бьют*

(trinken) unvo. пить: *пью,* _____

(nähen) unvo. шить: *шью,* _____

Lösungen

Präteritum

Präteritumformen werden von unvollendeten und vollendeten Verben gebildet.

де́ла-ть
реализова́-ть
говори́-ть
нес-ти́

Man trennt die Infinitivendung ab und fügt -л (m.)/ -ла (f.)/ -ло (n.)/ -ли (Pl.) hinzu.

In der <u>maskulinen</u> Präteritumform entfällt bei einer Reihe von Verben das -л, z.B.: он нёс.

Das Präteritum unterscheidet Genus und Numerus:

он де́лал
она́ де́лала
оно́ де́лало
они́ де́лали

maskulin
feminin
neutral
Plural

Оле́г спроси́л Никола́я:
   – Ты сего́дня купи́л кни́гу?
   Нет, я не купи́л.

In der 1. + 2. Person Singular richtet sich die Endung nach dem Genus des Subjekts.

Татья́на спроси́ла Екатери́ну:
   – Ты сего́дня купи́ла биле́ты в теа́тр?
   Да, я купи́ла биле́ты на конце́рт.

Futur

За́втра она́ **ку́пит** но́вый журна́л.
Morgen <u>wird</u> sie eine neue Zeitschrift <u>kaufen</u>.

Vollendetes Futur = konjugierte Formen vollendeter Verben.

Мы ча́сто **бу́дем говори́ть** по-ру́сски.
Wir <u>werden</u> oft Russisch <u>sprechen</u>.

Unvollendetes Futur = Formen von быть (бу́ду, бу́дешь, бу́дет, бу́дем, бу́дете, бу́дут) + Infinitiv des unvollendeten Verbs.

Gebrauch der Aspekte beim Futur siehe S. 64

Проверьте себя

1. Umformen

Setzen Sie den Text ins Präteritum.

Мóника ýчится в институ́те. Онá изучáет рýсский язы́к. Кáждый день онá повторя́ет нóвые словá и запи́сывает их в свой словáрь. Мóника перепи́сывается с Николáем из Новосиби́рска. Николáй хорошó знáет немéцкий язы́к. Но Мóника емý всегдá пи́шет по-рýсски. Николáй исправля́ет оши́бки и так помогáет Мóнике. В пи́сьмах они́ расскáзывают друг дрýгу о своéй жи́зни, о своём гóроде.

_____

_____

_____

2. Einsetzen

Vervollständigen Sie die Sätze, in denen über Zukünftiges gesprochen wird.

Мóника _____ ждать егó зáвтра.

Лéтом они́ _____ отдыхáть вмéсте.

Чем вы _____ занимáться в óтпуске?

Мы _____ игрáть в волейбóл и плáвать.

Я _____ éздить на велосипéде.

Ты _____ жить в гости́нице?

Lösungen

Imperativ

*Um den Imperativ zu bilden, muss man von der 3. Person Plural die Endung **-ут/-ют** bzw. **-ат/-ят** streichen.*

де́лай	(они́ де́ла-ют)	**-й** *wird angefügt, wenn der Stamm*
начина́й	(они́ начина́-ют)	*des Verbs auf einen Vokal endet.*
рису́й	(они́ рису́-ют)	

позвони́	(они́ позвон-я́т, я позвоню́)	**-и** *wird angefügt, wenn*
скажи́	(они́ ска́ж-ут, я скажу́)	*der Stamm auf einen Konsonanten*
принеси́	(они́ принес-у́т, я принесу́)	*endet, die 1. Person Singular*
по́мни	(они́ по́мн-ят)	*endbetont ist oder der Stamm auf*
отдохни́	(они́ отдохн-у́т)	*mehrere Konsonanten endet.*

поздра́вь	(они́ поздра́в-ят, я поздра́влю)	**-ь** *wird angefügt, wenn der Stamm*
встань	(они́ вста́н-ут, я вста́ну)	*auf einen Konsonanten endet, die*
разде́нь	(они́ разде́н-ут, я разде́ну)	*1. Person Singular nicht endbetont ist.*

поду́май – поду́майте	*Im Plural wird an die Formen des*
танцу́й – танцу́йте	*Imperativ Singular **-те** hinzugefügt.*
спроси́ – спроси́те	
поста́вь – поста́вьте	

займи́сь	*Verben auf **-ся** fügen nach Vokal **-сь***
одева́йся	*und nach Konsonant **-ся** an.*
познако́мься	

встре́ть**тесь**	*Im Plural wird immer **-тесь** angefügt.*
одева́й**тесь**	
познако́мь**тесь**	

Unregelmäßige Bildung

дава́ть	дава́й – дава́йте	*Bei den Verben auf*
встава́ть	встава́й – встава́йте	**-давать, -знавать, -ставать**
узнава́ть	узнава́й – узнава́йте	*bleibt im Imperativ das **-ва-** erhalten.*

бить	бей – бе́йте
пить	пей – пе́йте

дать	дай – да́йте
есть (essen)	ешь – е́шьте
е́хать	поезжа́й – поезжа́йте

Konjunktiv

Der Konjunktiv wird durch die **Präteritumformen des Verbs + Partikel** *бы gebildet.*

Наде́л бы он ша́пку,
не простуди́лся бы.
Hätte er eine Mütze aufgesetzt,
hätte er sich nicht erkältet.

бы steht meist nach dem Verb.

Говори́л бы он ра́ньше всегда́ пра́вду ...
Hätte er früher immer die Wahrheit gesagt ...
Говори́л бы он сего́дня пра́вду ...
Sagte er heute die Wahrheit ...
Говори́л бы он за́втра пра́вду ...
Würde er morgen die Wahrheit sagen ...

Der russische Konjunktiv
drückt abhängig vom Kontext
alle Zeiten aus.

Вчера́ бы он сказа́л пра́вду,
но сего́дня переду́мал.
<u>Gestern</u> hätte er die Wahrheit gesagt,
aber heute hat er es sich anders überlegt.
Он бы сказа́л пра́вду,
но его́ не спроси́ли.
<u>Er</u> hätte die Wahrheit gesagt,
aber ihn hat man nicht befragt.

бы steht nach dem Satzglied,
das besonders hervorgehoben
werden soll.

Он отдохну́л бы,
е́сли бы не́ было шу́ма на у́лице.
Er hätte sich erholt,
wenn nicht der Lärm auf der Straße
gewesen wäre.

бы steht jedoch immer nach е́сли.

1. Erinnern

Bilden Sie die fehlenden Verbformen, nutzen Sie die vorgegebenen Beispiele.

	3. Pers. Pl.	1. Pers. Sing. + Betonung	Imperativ Sing. + Pl.
танцева́ть	*танцу́-ют*	*танцу́ю*	*танцу́й – танцу́йте*
разреши́ть	*разреш-а́т*	*разрешу́*	*разреши́ – разреши́те*
поздравля́ть			
отста́ть			
отстава́ть			
подня́ть		*подниму́*	
интересова́ться			
мы́ться	*мо́-ют-ся*		
помо́чь	*помо́г-ут*		
соста́вить			

2. Erkennen

In welchen Sätzen wird ein Konjunktiv gebraucht?

Он написа́л письмо́ сего́дня. ( ) Он написа́л бы письмо́ сего́дня. (*) Он бу́дет писа́ть письмо́ за́втра. ( )
1. Мы пое́хали бы в о́тпуск. ( ) Мы пое́хали в о́тпуск. ( ) Мы бы́ли в о́тпуске. ( )
2. Что Ко́ля сде́лал в э́том слу́чае? ( ) А что Ко́ля де́лает в э́том слу́чае? ( ) А что бы Ко́ля сде́лал в э́том слу́чае? ( )
3. Тебе́ хо́чется купи́ть джи́нсы? ( ) Мне хоте́лось бы купи́ть джи́нсы. ( ) Вчера́ я хоте́ла купи́ть джи́нсы. ( )

Lösungen

Rektion der Verben

Die Rektion der Verben ist die Art, in der sich Substantive dem Verb anfügen, ob mit oder ohne Präposition. Sehr oft unterscheiden sich deutsche und russische Verben in ihrer Rektion, deshalb ist es wichtig, die abweichenden Formen mitzulernen!

Ни́на чита́ет кни́гу.
Nina liest ein Buch.
Та́ня помога́ет отцу́.
Tanja hilft dem Vater.

gleiche Rektion:
чита́ть (что) + Akk. und "lesen" + Akk.
помога́ть (кому́) + Dat. und
"helfen" + Dat.

Она́ помога́ет ма́ме **в** рабо́те.
Sie hilft der Mutter <u>bei</u> der Arbeit.

unterschiedliche Rektion:
помога́ть (в чём) + в + Präp.
"helfen" + bei + Dat.

Я поздравля́ю свою́ подру́гу
с днём рожде́ния.
Ich gratuliere meiner Freundin
<u>zum</u> Geburtstag.

поздравля́ть (кого́/что с чем)
+ Akk. + с + Instr.
"gratulieren" + Dat. + zu + Dat.

Гали́на Алексе́евна **интересова́лась**
исто́ри**ей** Фра́нции.
Galina Alexejewna interessierte sich
für die Geschichte Frankreichs.
Она́ **учи́лась** францу́зск**ому** язык**у́**
во Фра́нции.
Sie lernte Französisch in Frankreich.
И она́ **ста́ла** учи́тельниц**ей**
францу́зского языка́.
Und sie wurde Lehrerin für Französisch.

интересова́ться чем

учи́ться чему́ (где)

стать кем

Они́ **уча́ствовали** в спорти́вном
соревнова́нии.
Sie <u>nahmen</u> am Sportwettkampf <u>teil</u>.
уча́стие в спорти́вном соревнова́нии
<u>Teilnahme</u> am Sportwettkampf

Das vom Verb abgeleitete Substantiv
kann die Rektion beibehalten

Мы **поздра́вили** их с Но́вым го́дом.
Wir <u>gratulierten</u> ihnen <u>zum</u> Neuen Jahr.
поздравле́ния с Но́вым го́дом
<u>Gratulationen zum</u> Neuen Jahr

1. Erkennen

Schreiben Sie die unterstrichenen Verben im Infinitiv mit Rektion heraus.

На про́шлой неде́ле ме́неджер <u>предста́вил</u> сотру́дникам но́вого перево́дчика.
Он <u>владе́ет</u> пятью́ языка́ми.
Мы <u>удивля́лись</u> его́ зна́ниям.
Он нам сра́зу <u>понра́вился</u>. И мы <u>пожела́ли</u> ему́ успе́хов в бу́дущей рабо́те.
Перево́дчик <u>ра́довался</u> на́шим пожела́ниям.

1. vorstellen wem / wen

2. beherrschen was
3. sich wundern worüber
4. gefallen wem
5. wünschen wem / was
6. sich freuen worüber

1. предста́вить кому́ / кого́

2. Übersetzen

Übersetzen Sie die Sätze. Nutzen Sie die mit Rektion angegebenen russischen Verben.

1. Wir nehmen an der internationalen Konferenz teil.   участвова́ть в чём
2. Sie warten auf einen Brief aus Russland?   ждать кого́/чего́
3. Du bereitest dich gut auf das Examen vor.   гото́виться к чему́
4. Wir nutzen diese Gelegenheit.   воспо́льзоваться чем
5. Er fordert Geld von mir.   тре́бовать кого́/чего́ от кого́
6. Alle wollen Frieden und Glück.   хоте́ть кого́/чего́
7. Nina war mit Andrej verheiratet.   быть за́мужем за кем
8. Viktor war mit Tamara verheiratet.   быть же́натым на ком
9. Wir gratulieren dir herzlich zum Jubiläum   поздравля́ть кого́ с чем
   und wünschen dir und deiner Familie alles Gute.   жела́ть кому́ чего́

1. 2. владе́ть чем 3. удивля́ться чему́ 4. понра́виться кому́ 5. пожела́ть кому́/чего́ 6. ра́доваться чему́

2. 1. Мы уча́ствуем в междунаро́дной конфере́ции. 2. Вы ждёте письма́ из Росси́и? 3. Ты хорошо́ гото́вишься к экза́мену. 4. Мы воспо́льзуемся э́той возмо́жностью. 5. Он тре́бует де́нег от меня́. 6. Все хотя́т ми́ра и сча́стья. 7. Ни́на была́ за́мужем за Андре́ем. 8. Ви́ктор был жена́т на Тама́ре. 9. Мы серде́чно поздравля́ем тебя́ с юбиле́ем и жела́ем тебе́ и твое́й семье́ всего́ хоро́шего.

Verben auf -ся

Gebrauch der Verben mit dem Suffix -ся:

Я мо́юсь.
Ich wasche mich.

• *in reflexiver Bedeutung*

Она́ познако́милась с ни́ми.
Sie machte sich mit ihnen bekannt.

• *in reziproker Bedeutung*

Докла́д начина́ется в во́семь часо́в,
а конча́ется в де́сять.
Der Vortrag beginnt um acht Uhr
und endet um zehn.
(aber:
Профе́ссор начина́ет свой докла́д
слова́ми фило́софа.
Der Professor beginnt seinen Vortrag
mit den Worten eines Philosophen.)

• *als intransitive Verben*

Дом стро́ился до́лго.
Das Haus wurde lange gebaut.
Теа́тр стро́ится уже́ полго́да.
Das Theater wird schon ein halbes
Jahr gebaut.

• *in Passivsätzen mit <u>unvollendeten</u> Verben*

Ему́ не спи́тся.
Er kann nicht schlafen.

• *in unpersönlichen Sätzen*

Beachten Sie:

сади́ться
ты сади́шься
он сади́тся
он сади́лся

nach Konsonanten steht -ся

я сажу́сь
она́ сади́лась
мы сади́лись
сади́сь
сади́тесь

nach Vokalen steht -сь

садя́щийся
сади́вшаяся

Aktivpartizipien haben immer -ся

Russische reflexive Verben stimmen mit deutschen reflexiven Verben nicht immer überein.

im Russischen nicht reflexiv	im Deutschen reflexiv
отдыха́ть	sich erholen
разгова́ривать	sich unterhalten
опа́здывать	sich verspäten

im Russischen reflexiv	im Deutschen nicht reflexiv
купа́ться	baden
наде́яться	hoffen
боро́ться	kämpfen
смея́ться	lachen
ка́жется, что	es scheint, dass
возвраща́ться	zurückkehren

Aspektbildung

unvollendeter Aspekt	vollendeter Aspekt	deutsche Bedeutung
чита́ть	прочита́ть	lesen
спра́шивать	спроси́ть	fragen
приноси́ть	принести́	bringen

Wörterbücher geben zwei Formen für <u>eine</u> Bedeutung an:

*den **unvollendeten** (unvo.) und den **vollendeten** (vo.) Aspekt.*

де́лать / сде́лать — machen
писа́ть / написа́ть — schreiben
стро́ить / постро́ить — bauen
плати́ть / заплати́ть — bezahlen

*Durch **Präfigierung** wird aus einem unvollendeten ein vollendetes Verb.*

выпи́сывать / вы́писать — herausschreiben
расска́зывать / рассказа́ть — erzählen
зараба́тывать / зарабо́тать — verdienen

*Der unvollendete Aspekt wird durch **Suffigierung** gebildet.*

закрыва́ть / закры́ть — schließen
дава́ть / дать — geben

получа́ть / получи́ть — erhalten
отвеча́ть / отве́тить — antworten
приглаша́ть / пригласи́ть — einladen

*Dabei tritt oft **Konsonantenwechsel** auf.*

брать / взять — nehmen
говори́ть / сказа́ть — sagen
ложи́ться / лечь — sich legen
покупа́ть / купи́ть — kaufen

*Einige Aspektpaare haben **unterschiedliche Wortwurzeln**.*

организова́ть — organisieren
импорти́ровать — importieren

*Einige Verben drücken **beide Aspekte** aus.*

ждать — warten
жить — leben
лежа́ть — liegen
сиде́ть — sitzen

Manche Verben haben nur den unvollendeten Aspekt, sie drücken einen Zustand, eine Dauer aus.

пое́хать — (los)fahren
пойти́ — (los)gehen
поигра́ть — (ein wenig) spielen
запла́кать — zu weinen beginnen

Verben, die nur im vollendeten Aspekt vorkommen, oft mit der Bedeutung "los-" oder "etwas, ein wenig" oder "anfangen, beginnen".

Aspektbedeutung

Handlungen werden im Russischen unter verschiedenen Aspekten gesehen.
*Der **unvollendete Aspekt** beinhaltet Dauer, Verlauf oder Wiederholung einer Handlung,*
ohne zeitliche Begrenzung oder Berücksichtigung des Ergebnisses.
*Der **vollendete Aspekt** gibt eine einmalige, konkrete Handlung wieder, auch im Hinblick*
auf die Erzielung eines Ergebnisses.

Beispiel	Aspekt	Zeit	Bedeutung
Ни́на ча́сто **посеща́ла** Тама́ру	unvo.	Präteritum	Wiederholung
и до́лго **расска́зывала** о свои́х путеше́ствиях.	unvo.		Dauer
А вчера́ Тама́ра посети́ла Ни́ну	vo.		einmalig
и **рассказа́ла** ей всё о свое́й сва́дьбе.	vo.		und konkret
Оле́г **посеща́ет** Ни́ну	unvo.	Präsens	Verlauf / Dauer
и **приглаша́ет** её на день рожде́ния.	unvo.		Verlauf / Dauer
Он как всегда́ **прино́сит** Ни́не цветы́	unvo.		Verlauf / Dauer
и **да́рит** ей но́вый видеофи́льм.	unvo.		Verlauf / Dauer
За́втра Оле́г **посети́т** и Тама́ру	vo.	Futur	einmalig
и **пригласи́т** её на день рожде́ния.	vo.		und konkret
Он **пода́рит** Тама́ре конфе́ты	vo.		einmalig
и **ку́пит** буты́лку шампа́нского.	vo.		und konkret
Но и в бу́дущем он **бу́дет приноси́ть** цветы́	unvo.		Wiederholung
Ни́не и **бу́дет дари́ть** ей пода́рки.	unvo.		Wiederholung

Тама́ра **смо́трит** видеофи́льм.
Ни́на **покупа́ет** газе́ту.

Im Präsens steht immer der unvollendete Aspekt!

Мы **учи́ли** но́вые слова́,
но не **вы́учили**.
Wir haben die neuen Vokabeln gelernt,
aber wir können sie nicht.
Све́та **реша́ла** сло́жную зада́чу,
и наконе́ц **реши́ла**.
Sweta hat die komplizierte Aufgabe gerechnet
und schließlich gelöst.

Der Versuch einer Handlung wird mit
dem unvollendeten Aspekt ausgedrückt,
die Erzielung des Resultats
(negativ oder positiv) mit dem
vollendeten Aspekt.

Вéра **писáла** письмó и **слýшала** мýзыку.
Ивáн **бýдет смотрéть** фильм,
а Нúна **бýдет читáть.**
Когдá Лúда **расскáзывала** о Байкáле,
онá **покáзывала** открытки.

Zwei unvollendete Verben bedeuten
Gleichzeitigkeit *der Handlungen.*

Борúс **написáл** письмó
и срáзу **опустúл** егó в почтóвый ящик.

Zwei vollendete Verben bedeuten
Handlungsfolge.

Im Satz gibt es oft Signalwörter für den Gebrauch des Aspekts.

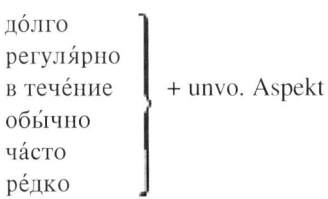

дóлго
регуля́рно
в течéние   + unvo. Aspekt
обы́чно
чáсто
рéдко

вдруг
оконча́тельно
срáзу   + vo. Aspekt
совсéм
за два дня
за три мéсяца

Verneinung und Aspekt

Verneinte Verben im Präteritum bzw. Futur

Áня **не покупáла** нóвый словáрь.
Онá **не бýдет покупáть** и нóвый учéбник.

Unvollendeter Aspekt *bedeutet,*
dass die Handlung nicht stattge-
funden hat, nicht geplant und nicht
erwartet worden war.

Отéц дал ей дéньги,
но онá **не купúла** словáрь.
Нóвый учéбник óчень хорóший,
но онá всё равнó егó **не кýпит.**

Vollendeter Aspekt *bedeutet, dass die*
Handlung wider Erwarten nicht statt-
gefunden hat.

Он не **вы́полнит** задáние.
Ничегó мы тебé не **кýпим.**

Vollendeter Aspekt *zeigt die Unmög-*
lichkeit, eine Handlung auszuführen
oder die kategorische Ablehnung.

1. Erinnern

Setzen Sie die fehlenden Aspektpartner ein.

unvollendeter Aspekt	vollendeter Aspekt	deutsche Bedeutung
отбыва́ть	отбы́ть	abfahren
_____	прибы́ть	ankommen
_____	забы́ть	vergessen
занима́ть	заня́ть	einnehmen
_____	поня́ть	verstehen
_____	приня́ть	annehmen
расска́зывать	рассказа́ть	erzählen
_____	показа́ть	zeigen
_____	заказа́ть	bestellen
встава́ть	встать	aufstehen
_____	отста́ть	zurückbleiben
_____	расста́ться	sich trennen
приводи́ть	привести́	mitbringen
_____	отвести́	wegführen
_____	развести́сь	sich scheiden lassen

2. Erkennen

Bestimmen Sie von den unterstrichenen Verbformen Zeit, Aspekt und dessen Bedeutung. Markieren Sie Signalwörter.

Пётр Петро́вич два ме́сяца <u>писа́л</u> докла́д. Позавчера́ он, наконе́ц, <u>написа́л</u> после́днюю стро́чку. В э́ти мину́ты он <u>выступа́ет</u> пе́ред друзья́ми с докла́дом. Он <u>говори́т</u> два часа́. А в сле́дующие дни он ещё ча́сто <u>бу́дет расска́зывать</u> о Санкт-Петербу́рге. О приключе́ниях в тайге́ он <u>расска́жет</u> че́рез неде́лю.

3. Einsetzen

Setzen Sie das Verb in der richtigen Form ein

Михаи́л не́сколько лет _____ де́ньги на
автомаши́ну. Наконе́ц он _____ ну́жную су́мму.
А оте́ц _____ ему́ де́ньги на води́тельские права́.
Ми́ша регуля́рно _____ заня́тия.
Ка́ждый ве́чер оте́ц его́ _____ .
Ми́ша _____ все пра́вила у́личного
движе́ния наизу́сть и
успе́шно _____ экза́мены. Вчера́ ему́
_____ води́тельские права́.

копи́ть/накопи́ть
копи́ть/накопи́ть
дари́ть/подари́ть
посеща́ть/посети́ть
проверя́ть/прове́рить
учи́ть/вы́учить

сдава́ть/сдать
вруча́ть/вручи́ть

4. Entscheiden

1. Sie wollen ausdrücken, dass Sascha den Brief (zu Ende) geschrieben hat.

a) Са́ша написа́л письмо́.
b) Са́ша писа́л письмо́.

2. Sie wollen sagen, dass Sie dabei waren, ein Buch zu lesen, als Tanja kam.

a) Я прочита́л кни́гу, когда́ пришла́ Та́ня.
b) Я чита́л кни́гу, когда́ пришла́ Та́ня.

3. Sie möchten Ihrem Freund mitteilen, dass Sie ihn regelmäßig anrufen werden.

a) Я бу́ду тебе́ звони́ть по суббо́там.
b) Я тебе́ позвоню́ в суббо́ту.

4. Sie können bestätigen, dass Maria die Prüfung bestanden hat.

a) Да, Мари́я сдава́ла экза́мен.
b) Да, Мари́я сдала́ экза́мен.

5. Vervollständigen

Füllen Sie die Lücken.

Татья́на никогда́ не _____ ему́.   звони́ла / позвони́ла

И в э́тот раз не _____

Она́ никому́ не _____ но́вое пла́тье,   пока́зывала / показа́ла

и мне не _____

Ра́ньше она́ никогда́ не _____   покупа́ла / купи́ла

оде́жду без меня́. А вот вчера́ да́же

не _____ о свои́х пла́нах.   расска́зывала / рассказа́ла

Lösungen

5. звони́ла – позвони́ла – пока́зывала – показа́ла – пока́зывала – покупа́ла – рассказа́ла

4. 1. a), 2. b), 3. a), 4. b)

3. копи́л, наконе́ц, подари́л, посеща́л, проверя́л, вруча́ют, сдал, вруча́ли
Signalwörter: два ме́сяца, наконе́ц, в э́ти мину́ты, два часа́, ча́сто

2. писа́л: Prät. – unvo.; написа́л: Prät. – vo. – einmalige, konkret; выступа́ет: Präs. – Dauer, Verlauf; говори́т: Präs. – unvo. – Dauer, Verlauf; бу́дет расска́зывать: Fut. – unvo. – Wiederho-lung; расска́жет: Fut. – vo. – einmalige, konkret

1. приобрета́ть – забыва́ть – понима́ть – принима́ть – пока́зывать – зака́зывать – оставля́ть – расставля́ться – отводи́ть – разводи́ться

Passiv

*Das Passiv wird nur mit **transitiven Verben** gebildet. Transitive Verben sind Verben, die ein Akkusativobjekt ohne Präposition bei sich haben können, z.B.: Он пи́шет письмо́.*

Prät.	За́мок стро́ился почти́ два ве́ка. Das Schloss wurde fast zwei Jahrhunderte gebaut.	*Unvollendetes Passiv wird vom <u>unvollendeten</u> Verb + **-ся** gebildet.*
Präs.	Наш но́вый дом уже́ **стро́ится.** Unser neues Haus wird schon gebaut.	
Fut.	Но́вая це́рковь **бу́дет стро́иться** по пла́нам знамени́того архите́ктора. Die neue Kirche wird nach Plänen eines berühmten Architekten gebaut werden.	
Prät.	За́мок был постро́ен в пятна́дцатом ве́ке. Das Schloss ist im 15. Jahrhundert gebaut worden. *Partizip Präteritum*	*Vollendetes Passiv wird mit der Kurzform des Passiv* und Formen von быть gebildet.*
Fut.	Здесь бу́дет постро́ена но́вая це́рковь. Hier wird eine neue Kirche gebaut werden.	

Ро́зничные це́ны на хлеб бу́дут повыша́ться.
В газе́те был опублико́ван после́дний ре́йтинг.

In Passivsätzen kann der Handelnde ungenannt bleiben.

Москва́ была́ осно́вана **кня́зем Ю́рием Долгору́ким.**
Пробле́ма бу́дет реша́ться на сле́дующей неде́ле **дире́ктором.**

*Wird der Handelnde genannt, so steht er im **Instrumental**.*

Зда́ние уже́ постро́ено.
Das Gebäude ist schon gebaut (worden).
Магази́н закры́т.
Das Geschäft ist geschlossen.

*Die Kurzformen des Partizip Präteritum Passiv können auch einen **Zustand** ausdrükken, der das Ergebnis einer Passivhandlung ist.*

**siehe Kurzformen des Partizip Präteritum Passiv S.75*

1. Erkennen

Markieren Sie alle transitiven Verben.

1. созда́ть фи́рму
2. писа́ть письмо́
3. находи́ться в о́тпуске
4. стро́ить дом
5. помога́ть дру́гу
6. чита́ть кни́гу
7. отдыха́ть на мо́ре
8. организова́ть встре́чу
9. зарабо́тать де́ньги

2. Einsetzen

Setzen Sie die Verben im Passiv in der angegebenen Zeit ein. Achten Sie dabei auf den Aspekt des genannten Verbs!

Prät.	созда́ть	В про́шлом году́ *был со́здан* кружо́к самоде́ятельности.
Fut.	назва́ть	В журна́ле _____ имена́ всех благоде́телей.
Fut.	опла́чивать	Ку́рсы переквалифика́ции _____ би́ржей труда́.
Präs.	составля́ть	Ра́зные пла́ны реконстру́кции _____ строи́телями.
Prät.	стира́ть	Его́ бельё всегда́ _____ в пра́чечной.

3. Transformieren

Bilden Sie Passivsätze.

a) unvollendet
Телевизио́нный кана́л предлага́ет кни́жные нови́нки.
Кни́жные нови́нки предлага́ются телевизио́нным кана́лом.

О́бщество и́мени Чайко́вского объявля́ет ко́нкурс скрипаче́й.
На́ша газе́та публику́ет статьи́ журнали́ста.

b) vollendet

А́втор вы́делил э́ту стро́чку жи́рным шри́фтом.
Э́та стро́чка была́ вы́делена а́втором жи́рным шри́фтом.

Собра́ние при́няло реше́ние.
Поликли́ника измени́ла часы́ приёма.

Lösungen

3. a) Ко́нкурс скрипаче́й объявля́ется о́бществом и́мени Чайко́вского.
Статьи́ журнали́ста публику́ются на́шей газе́той.
b) Реше́ние бы́ло при́нято собра́нием.
Часы́ приёма были́ измене́ны поликли́никой.

2. бу́дут на́званы – бу́дут опла́чиваться – составля́ются – стара́юсь

1. 1 – 2 – 4 – 6 – 8 – 9

Partizip

Das Partizip ist vom Verb abgeleitet, hat Adjektivendungen und Eigenschaften von beiden Wortarten.
Im Russischen gibt es vier Partizipien.

Langform der Partizipien

	получа́ть *(unvo.)*	получи́ть *(vo.)*
Partizip Präsens Aktiv	получа́ющий	
Partizip Präteritum Aktiv	получа́вший	получи́вший
Partizip Präsens Passiv	получа́емый	
Partizip Präteritum Passiv		полу́ченный

Bildung

Das **Partizip Präsens Aktiv** wird von der 3. Person Plural des <u>unvollendeten</u> Verbs gebildet:

получа́-ют	– получа́ющий	*Verben der e-Konjugation haben Suffix*
нес-у́т	– несу́щий	***-ющ- / -ущ-***

стро́-ят	– стро́ящий	*Verben der i-Konjugation haben Suffix*
леж-а́т	– лежа́щий	***-ящ- / -ащ-***

Das **Partizip Präteritum Aktiv** wird von der Präteritumform des <u>unvollendeten</u> und des <u>vollendeten</u> Verbs gebildet:

получа́-л	– получа́вший	*nach Vokal steht Suffix -вш-*
получи́-л	– получи́вший	

(расти́) рос	– ро́сший	*nach Konsonant steht Suffix -ш-*
(вы́расти) вы́рос	– вы́росший	

72

*Das **Partizip Präsens Passiv** wird von der 3. Person Plural des <u>unvollendeten transitiven</u> Verbs gebildet:*

получа́-ют	– получа́**ем**ый	*e-Konjugation hat Suffix **-ем-***
рису́-ют	– рису́**ем**ый	
стро́-ят	– стро́**им**ый	*i-Konjugation hat Suffix **-им-***

*Das **Partizip Präteritum Passiv** wird vom <u>vollendeten transitiven</u> Verb gebildet:*

образова́-ть	– образо́ва**нн**ый	*Suffix **-нн-** haben alle Verben auf*
нарисова́-ть	– нарисо́ва**нн**ый	*-овать und Verben auf -ать, -еть.*
показа́-ть	– пока́за**нн**ый	*Man geht bei der Bildung vom*
сде́ла-ть	– сде́ла**нн**ый	*Infinitiv aus.*
уви́де-ть	– уви́де**нн**ый	
получи́ть – получ-у́	– полу́ч**енн**ый	*Suffix **-енн- / -ённ-** haben Verben*
постро́ить – постро́-ю	– постро́**енн**ый	*mit Infinitiv auf -ить und auf*
заплати́ть – заплач-у́	– запла́ч**енн**ый	*-зти / -ти.*
посвяти́ть – посвящ-у́	– посвящ**ённ**ый	*Man geht von der 1. Person*
увезти́ – увез-у́	– увез**ённ**ый	*Singular aus.*
принести́ – принес-у́	– принес**ённ**ый	
закры́-ть	– закры́**т**ый	*Suffix **-т-** haben die "einsilbigen"*
поня́-ть	– по́ня**т**ый	*Verben mit Präfix und Verben auf*
вы́пи-ть	– вы́пи**т**ый	*-нуть.*
нача́-ть	– на́ча**т**ый	
достигну-ть	– дости́гну**т**ый	

Gebrauch

Die Langform des Partizips ist Attribut. Sie hat Adjektivendungen und wird wie ein Adjektiv dekliniert. Die Langform stimmt mit dem Substantiv, zu dem sie gehört, in Kasus, Genus und Numerus überein und bezeichnet eine Handlung dieses Substantivs.
Zum Partizip gehören oft weitere Wörter/Satzglieder: es bildet eine Art erweitertes Attribut, die sog. **Partizipialkonstruktion.** *Steht diese Partizipialkonstruktion nach dem Substantiv, so wird sie in Kommas gesetzt.*
Die Langformen der Partizipien werden in der Schriftsprache gebraucht.

Стоя́щая у окна́ де́вушка
чита́ет стихи́.
Das am Fenster stehende Mädchen
liest Gedichte vor.
Мы все смотре́ли на де́вушку,
чита́вшую нам свои́ но́вые стихи́.
Wir alle sahen das Mädchen an,
das uns seine neuen Gedichte vorlas.

Vom unvollendeten Aspekt gebildete Partizipien drücken eine **Gleichzeitigkeit der Handlungen** *aus.*

Все бу́рно аплоди́ровали де́вушке,
прочита́вшей после́днее стихотворе́ние.
Alle applaudierten dem Mädchen
stürmisch, nachdem es das letzte
Gedicht vorgelesen hatte.
Все бы́ли в восто́рге от стихо́в,
прочи́танных де́вушкой.
Alle waren begeistert von den Gedichten,
die das Mädchen vorgelesen hatte.

Vom vollendeten Aspekt gebildete Partizipien drücken eine **Aufeinanderfolge der Handlungen** *aus.*

Кру́пный торго́вый **центр,**
кото́рый зака́зывает това́ры о́птом,
получа́ет их со ски́дкой.
Das große Handelszentrum, das Waren
en gros bestellt, erhält diese mit Rabatt.

Die Langform des Partizips ist schriftsprachlich, in der mündlichen Rede benutzt man stattdessen **Nebensätze mit кото́рый.** *Man übersetzt ins Deutsche meist mit einem Nebensatz.*

Пётр выпи́сывает газе́ту, **издава́емую** в Ки́еве.
Пётр выпи́сывает газе́ту, **кото́рая** издаётся в Ки́еве.
Pjotr hat eine Zeitung abonniert, die in Kiew herausgegeben wird.

Kurzform der Partizipien

Nur die <u>*Passivpartizipien*</u> *haben Kurzformen.*

Bildung

Die Bildung der Kurzform ist wie beim Adjektiv.
Kurzform des Partizip **Präsens** *Passiv:* покупа́ем – покупа́ем *(mask.),* покупа́ема *(fem.),* покупа́емо *(neutr.),* покупа́емы *(Plural).*

откры́т-ый	– откры́т	*Die Kurzform des Partizip* **Präteritum** *Passiv unterscheidet ebenfalls nach Genus und Numerus.*
	– откры́та	
	– откры́то	
	– откры́ты	
прочи́танн-ый	– прочи́тан	*Partizipien mit Suffix* **-нн-** / **-енн-** / **-ённ-** *haben in der Kurzform nur* <u>*ein*</u> **-н-***.*
прочи́танн-ая	– прочи́тана	
прочи́танн-ое	– прочи́тано	
прочи́танн-ые	– прочи́таны	
ку́пленн-ый	– ку́плен	
постро́енн-ый	– постро́ен	
принесённ-ый	– принесён	*Es tritt häufig Betonungswechsel auf.*
	– принесена́	
	– принесено́	
	– принесены́	
на́чат-ый	– на́чат	
	– начата́	
	– на́чато	
	– на́чаты	

Gebrauch

*Die Kurzformen der Passivpartizipien werden aussschließlich prädikativ gebraucht, wobei die Kurzform des Partizip **Präsens** Passiv sehr selten auftritt.*

*Die Kurzform des Partizip **Präteritum** Passiv wird häufig gebraucht und ist nicht auf die Schriftsprache beschränkt.**

Все о́кна **бы́ли откры́ты**.
Alle Fenster waren geöffnet.
Сочине́ние **бы́ло напи́сано**
ученико́м восьмо́го кла́сса.
Der Aufsatz ist von einem Schüler
der achten Klasse geschrieben worden.
Догово́р **бу́дет подпи́сан**
обе́ими сторона́ми в нача́ле ма́я.
Der Vertrag wird von beiden Seiten
Anfang Mai unterschrieben werden.

Kurzformen sind Teil des <u>vollendeten</u> Prädikats und stimmen mit dem Subjekt in Genus und Numerus überein.

Нало́говая деклара́ция
запо́лнена непра́вильно.
Die Steuererklärung ist nicht
richtig ausgefüllt.
Обе́д **пригото́влен**.
Das Mittagessen ist fertig.

*Kurzformen ohne быть drücken einen hergestellten Zustand aus, das sog. **Zustandspassiv.***

* siehe Passiv S. 69

1. Vervollständigen

Vervollständigen Sie die Tabelle mit den Kurzformen der Partizipien.

	Kurzformen			
	maskulin	feminin	neutral	Plural
вы́питый	*вы́пит*	_____	_____	_____
обе́щанный	_____	_____	_____	_____
испра́вленный	_____	_____	_____	_____
произнесённый	_____	_____	_____	_____
переведённый	_____	*переведена́*	_____	_____

2. Umformen

Bilden Sie das Zustandspassiv.

ука́занная цена́ – *цена́ ука́зана*

при́нятое реше́ние _____

про́данные това́ры _____

полу́ченная информа́ция _____

предло́женный вариа́нт _____

внесённое предложе́ние _____

привлечённые инве́сторы _____

приглашённые представи́тели _____

3. Einsetzen

Setzen Sie Kurzformen des Partizip Präteritum Passiv ein.

1. Собо́р был _____ в трина́дцатом ве́ке. (постро́ить)

2. В про́шлом году́ бы́ли _____ вы́боры в Ду́му. (провести́)

3. За́втра бу́дут _____ результа́ты ко́нкурса. (объяви́ть)

4. Че́рез неде́лю бу́дет _____ догово́р о сотру́дничестве. (подписа́ть)

Lösungen

1. вы́пит, вы́пита, вы́пито, вы́питы
   обе́щан, обе́щана, обе́щано, обе́щаны
   испра́влен, испра́влена, испра́влено, испра́влены
   произнесён, произнесена́, произнесено́, произнесены́
   переведён, переведена́, переведено́, переведены́

2. реше́ние при́нято - това́ры про́даны - информа́ция полу́чена - вариа́нт предло́жен - предложе́ние внесено́ - инве́сторы привлечены́ - представи́тели приглашены́

3. 1. постро́ен 2. проведены́ 3. объя́влены 4. подпи́сан

Adverbialpartizip

Bildung

Adverbialpartizip des unvollendeten Aspekts

*Es wird von der 3. Person Plural des unvollendeten Verbs mit dem **Suffix** -я /-а gebildet.*

чита́ть – чита́-ют	чита́я
принима́ть – принима́-ют	принима́я
стро́ить – стро́-ят	стро́я
нести́ – нес-у́т	неся́
целова́ть – целу́-ют	целу́я
целова́ться – целу́-ются	целу́ясь

дава́ть – (дают)	дава́я	*Die Verben auf*
узнава́ть – (узнают)	узнава́я	*-давать, -знавать, -ставать*
встава́ть – (встают)	встава́я	*behalten das -ва-.*

Adverbialpartizip des vollendeten Aspekts

Man geht von der <u>maskulinen</u> Präteritumform des vollendeten Verbs aus:

прочита́ть – он прочита́-л	прочита́в	*endet sie auf -л,*
получи́ть – он получи́-л	получи́в	*wird -в oder -вши (seltener)*
сказа́ть – он сказа́-л	сказа́в	*eingesetzt*
привезти́ – он привёз	привёзши	*endet sie auf Konsonant,*
дости́гнуть – он дости́г	дости́гши	*wird -ши eingesetzt*
принести́ – он принёс	принеся́ / принёсши	*Einige Verben haben **Doppelformen**.*
познако́миться – он познако́ми-л-ся	познако́мившись	*Verben mit -ся haben immer -вшись.*

Gebrauch

*Adverbialpartizipien sind **Verbformen**.*
- *Sie bezeichnen eine zusätzliche Handlung des Subjekts.*
- *Sie können durch andere Wörter/Satzglieder erweitert werden.*
- *Sie sind vorwiegend schriftsprachlich.*

Ли́да и Леони́д шли по у́лице, **разгова́ривая**.
Татья́на гото́вит обе́д, **слу́шая** му́зыку.

Adverbialpartizipien des unvollendeten Aspekts bezeichnen eine Handlung, die gleichzeitig mit der Haupthandlung verläuft.

За́втракая,
Пётр чита́л све́жую газе́ту.

Übersetzungsmöglichkeiten:
Während Pjotr frühstückte, las er die neue Zeitung.
Pjotr frühstückte und las die neue Zeitung.
Beim Frühstücken las Pjotr die neue Zeitung.

Гали́на Серге́евна смо́трит на меня́, **улыба́ясь**.

Galina Sergejewna sah mich lächelnd an.

Аге́нтство, **име́я** гослице́нзию, гаранти́рует высо́кое ка́чество.

Die Agentur, die eine staatliche Zulassung hat, garantiert hohe Qualität.

Поу́жинав, де́ти легли́ спать.
Написа́в письмо́, он опусти́л его́ сра́зу в почто́вый я́щик.

Adverbialpartizipien des vollendeten Aspekts bezeichnen eine Handlung, die vor der Haupthandlung stattgefunden hat.

Вы́слушав докла́д до конца́, он ушёл с конгре́сса.

Übersetzungsmöglichkeiten:
Er hörte den Vortrag bis zu Ende und verließ (dann) den Kongress.
Nachdem er den Vortrag bis zu Ende gehört hatte, verließ er den Kongress.

Светла́на шла по у́лице, **не ду́мая** ни о чём.
Swetlana ging die Straße entlang, ohne an etwas zu denken.
Они́ ушли́, **не обрати́в** внима́ние на це́ны.
Sie gingen weg, ohne auf die Preise geachtet zu haben.

*Ein **verneintes** Adverbialpartizip wird mit der Konstruktion "ohne zu" übersetzt.*

Проверьте себя

1. Erkennen

Unterstreichen Sie die Adverbialpartizipien. Übersetzen Sie dann die Sätze.

1. Мы ходи́ли по го́роду, удивля́ясь измене́ниям.
2. Ле́том мы ча́сто гуля́ли по́ лесу, собира́я грибы́.
3. Тури́сты сиде́ли в па́рке, отдыха́я. Отдохну́в, они́ пошли́ да́льше.
4. Бро́сив кури́ть, он почу́вствовал себя́ лу́чше.
5. В на́ше вре́мя банк не мо́жет рабо́тать, не по́льзуясь совреме́нной компью́терной те́хникой.
6. Чита́я газе́ту, Па́вел пил чай.
7. Соба́ка бе́гала по па́рку, постоя́нно изменя́я направле́ние.
8. Неожи́данно измени́в направле́ние, авто́бус пое́хал че́рез центр го́рода.
9. Мы пошли́ на я́рмарку, не ожида́я ничего́ но́вого.

2. Zuordnen

Ordnen Sie den Verben die von ihnen abgeleiteten Adverbialpartizipien zu.

получи́в, сме́ясь, интересу́ясь, прочита́в, си́дя, принёсший, сто́я, держа́сь

смея́ться	_____	получи́ть	_____
прочита́ть	_____	принести́	_____
сиде́ть	_____	интересова́ться	_____
стоя́ть	_____	держа́ться	_____

1. удивля́ясь – собира́я – отдыха́я – отдохну́в – бро́сив – не по́льзуясь – чита́я – изменя́я – измени́в – не ожида́я

1. Wir gingen durch die Stadt und wunderten uns über die Veränderungen.
2. Im Sommer gingen wir oft im Wald spazieren und sammelten Pilze.
3. Die Touristen saßen im Park und erholten sich. Nachdem sie sich ausgeruht hatten, gingen sie weiter.
4. Nachdem er aufgehört hatte zu rauchen, fühlte er sich besser. (Nachdem er das Rauchen aufgegeben hatte, ...)
5. In unserer Zeit kann eine Bank nicht arbeiten, ohne die moderne Computertechnik zu nutzen.
6. Pawel trank Tee und las (dabei) Zeitung.
7. Der Hund lief im Park umher, ständig die Richtung ändernd.
8. Plötzlich änderte der Bus die Richtung und fuhr durch das Stadtzentrum.
9. Wir gingen auf die Messe, ohne etwas Neues zu erwarten.

2.

смея́ться – сме́ясь	получи́ть – получи́в
прочита́ть – прочита́в	принести́ – принёсший
сиде́ть – си́дя	интересова́ться – интересу́ясь
стоя́ть – сто́я	держа́ться – держа́сь

Verben der Fortbewegung ohne Präfix

*Im Russischen gibt es eine Reihe von präfixlosen Verbpaaren, deren Grundbedeutung eine Fortbewegung ist. Die Bewegung ist entweder **bestimmt** oder **unbestimmt**. Die Verbpaare sind **immer unvollendet**.*
Dazu gehören:

bestimmtes Verb	unbestimmtes Verb	dt. Bedeutung
идти́ иду́, идёшь, иду́т шёл, шла, шли	ходи́ть хожу́, хо́дишь, хо́дят	gehen
е́хать е́ду, е́дешь, е́дут	е́здить е́зжу, е́здишь, е́здят	fahren
везти́ везу́, везёшь, везу́т вёз, везла́, везли́	вози́ть вожу́, во́зишь, во́зят	fahren, transportieren
вести́ веду́, ведёшь, веду́т вёл, вела́, вели́	води́ть вожу́, во́дишь, во́дят	führen
нести́ несу́, несёшь, несу́т нёс, несла́, несли́	носи́ть ношу́, но́сишь, но́сят	tragen
плыть плыву́, плывёшь, плыву́т	пла́вать пла́ваю, пла́ваешь, пла́вают	schwimmen
лете́ть лечу́, лети́шь, летя́т	лета́ть лета́ю, лета́ешь, лета́ют	fliegen
бежа́ть бегу́, бежи́шь, бегу́т	бе́гать бе́гаю, бе́гаешь, бе́гают	laufen, rennen

83

Bedeutung

*Die unvollendeten Verbpaare ohne Präfix bezeichnen eine bestimmte oder unbestimmte Bewegung. Der Grundunterschied besteht in der Bewegungsrichtung: das bestimmte Verb drückt eine Bewegung **in eine Richtung** und das unbestimmte Verb eine Bewegung **nicht nur in eine Richtung** aus.*

*Das unvollendete **bestimmte Verb** wird verwendet, wenn eine konkrete Bewegung in eine Richtung wiedergegeben wird.*

Я иду́ в музе́й.
Он везёт му́сор на сва́лку.
Мы е́дем в го́род.
Самолёт лети́т в Москву́.
Ма́льчик плыл на друго́й бе́рег.
У́тром я шла пешко́м на рабо́ту,
а ве́чером я е́хала на тролле́йбусе.
Пти́цы летя́т на юг.

Es ist immer nur die Bewegung hin zu dem genannten Ziel gemeint. Es wird nichts über das Zurückkommen gesagt.

*Das unvollendete **unbestimmte Verb** wird verwendet, wenn eine Bewegung nicht nur in eine Richtung ausgedrückt wird.*

Соба́ка бе́гала по па́рку.
В о́зере пла́вают у́тки.
Над до́мом лета́ли пти́цы.
Он во́дит тури́стов по го́роду.

im Zickzack, kreuz und quer, auf und ab

Позавчера́ мы ходи́ли в теа́тр.
Ле́том она́ всегда́ е́здит на Чёрное мо́ре.
Он не́сколько раз лета́л в Москву́.
Мать вози́ла до́чку к врачу́.
Семён во́зит нас по го́роду.
Он води́л свои́х госте́й в зоопа́рк.

hin und zurück (einmalig oder wiederholt)

Пти́цы лета́ют.
Ры́бы пла́вают.
Ребёнок уже́ хо́дит.
Ма́льчик мо́жет хорошо́ пла́вать.
Мой муж лю́бит бе́гать.
Почтальо́н но́сит по́чту.
Де́ти хо́дят в шко́лу.

*Das **unbestimmte Verb** der Fortbewegung drückt auch eine Eigenschaft, Fähigkeit, Gewohnheit aus.*

84

Besonderheiten:

1. Beachten Sie, ob das Subjekt selbst fährt oder etwas 'fahrend' transportiert!

"fahren"	"fahren und transportieren"
Трáктор éдет по ýлице.	Трáктор везёт рожь.
Автóбус éхал бы́стро.	Автóбус вёз их в гóрод.
На рабóту я éзжу на своéй машúне.	Скóрая пóмощь вóзит больны́х.
В музéй мы éдем трамвáем.	Таксú везёт нас в музéй.

2. Bei Linienfahrzeugen benutzt man идтú / ходúть.

Автóбус всегдá хóдит по э́тому маршрýту.
Отойдú от платфóрмы, идёт пóезд.
Трамвáй хóдит кáждые пять минýт.

3. Im Russischen wird die Art und Weise von "bringen" exakt unterschieden.

Брат всегдá вóдит сестрý в бассéйн.
Der Bruder bringt seine Schwester
immer ins Schwimmbad.
Вот он ведёт её чéрез ýлицу.
Da bringt er sie über die Straße.

zu Fuß, (an der Hand) führen, begleiten

Отéц чáсто вóзит дóчку в бассéйн.
Oft bringt der Vater die Tochter dorthin.
И сейчáс он везёт её на стадиóн.
Auch jetzt bringt er sie ins Stadion.

fahren, transportieren

Мáма нóсит сы́на к врачý.
Die Mutter bringt ihren Sohn zum Arzt.
Вот онá несёт егó к врачý.
Da bringt sie ihn zum Arzt.

tragen (in der Hand, auf dem Arm)

4. Es gibt eine Reihe fester Wendungen, die nur mit dem bestimmten bzw. unbestimmten Verb verbunden werden. (Einige bilden sogar Aspektpartner.)*

нестú / понестú* потéри	Verluste erleiden
нестú / понестú* отвéтственность	Verantwortung tragen
вестú бесéду	ein Gespräch führen
вестú дневнúк	ein Tagebuch führen
вестú перепúску	Schriftverkehr haben

85

вести́ себя́	sich betragen / benehmen
часы́ иду́т то́чно	die Uhr geht genau
идёт конфере́нция	die Konferenz läuft
идёт снег, дождь	es schneit, es regnet
Как иду́т дела́?	Wie geht's?
Ему́ идёт шля́па.	Der Hut steht ihm.
Ему́ везёт.	Er hat Glück.
Ей повезло́.	Sie hatte Glück.
носи́ть и́мя (отца́)	den Namen (des Vaters) tragen
носи́ть фами́лию (му́жа, жены́)	den Familiennamen (des Ehemanns, der Ehefrau) tragen
носи́ть очки́	eine Brille tragen
носи́ть костю́м, сапоги́	einen Anzug, Stiefel tragen
води́ть (её) за́ нос	(sie) an der Nase herumführen
води́ть маши́ну	Auto fahren

Прове́рьте себя́

1. Entscheiden

Muss das bestimmte oder das unbestimmte Verb der Fortbewegung eingesetzt werden?

1. Он _____ к остано́вке трамва́я.   идёт / хо́дит
   Она́ _____ по ко́мнате.
   Её до́чке то́лько год, но она́ ужé _____

2. Мы лю́бим _____ в рекé.   плыть / пла́вать
   Мы _____ на другой бе́рег.
   Ва́ня не лю́бит _____ в холо́дной водé.

3. Соба́ка _____ по па́рку.   бежи́т / бе́гает
   Соба́ка _____ мне навстре́чу.

4. Ле́на регуля́рно _____ бельё в сти́рку.   несёт / но́сит
   Де́вочка _____ ко́шку в дом.
   Она́ _____ ко́шку по ко́мнате.

5. Грузови́к _____ но́вую ме́бель.   везёт / во́зит
   Эта маши́на _____ проду́кты.

2. Einsetzen

Setzen Sie die bestimmten bzw. unbestimmten Verben in der nötigen Form im Präsens ein.

a) идти́ oder е́хать

1. Пассажи́ры э́того по́езда _____ на Ура́л.
2. Вы хоти́те _____ пешко́м? Отсю́да о́чень далеко́.
3. Уже́ по́здно, поэ́тому мы _____ на такси́.
4. Они́ _____ в шко́лу че́рез парк, так бли́же.
5. Серёжа _____ на трениро́вку на велосипе́де.

б) нести́ oder вести́ oder везти́

1. На у́лице идёт Серге́й и _____ большо́й чемода́н.
2. Там е́дет ско́рая по́мощь. Она́ _____ больно́го к врачу́.
3. Кора́бль плывёт в Оде́ссу. Он _____ туда́ лес.
4. Такси́ _____ друзе́й на вокза́л.
5. Евге́ний Бори́сович _____ поку́пки в кварти́ру.
6. Ната́ша _____ до́чку за́ руку.

в) нести́ / носи́ть oder вести́ / води́ть oder идти́

Сего́дня Лев Па́влович пе́рвый раз_____ (1) бесе́ду с журнали́стом.	führt
Лев Па́влович расска́зывает, что его́ фи́рма _____ (2) и́мя праде́душки, кото́рый основа́л её.	trägt
Тепе́рь Лев Па́влович _____ (3)	trägt
отве́тственность за всех. Но дела́ _____ (4) хорошо́.	gehen
Журнали́сту _____ (5), он нра́вится Льву Па́вловичу.	hat Glück
Журнали́ст _____ (6) ма́ленькие очки́,	trägt
кото́рые ему́ о́чень _____ (7).	steht
Он _____ (8) себя́ скро́мно.	verhält
На у́лице _____ (9).	regnet es
Они́ ещё до́лго бесе́дуют и обеща́ют друг дру́гу _____ (10) перепи́ску.	führen

3. Umformen

Sagen Sie im Präteritum:

1. Куда́ господи́н Никола́ев так бы́стро идёт? – Он идёт на рабо́ту.
2. Чей чемода́н несёт Оле́г? – Он несёт чемода́н госпожи́ Петро́вой.
3. Кого́ Ко́ля везёт на вокза́л? – Ко́ля и Та́ня везу́т роди́телей на вокза́л.
4. Куда́ Ли́да ведёт госте́й? – Ли́да с подру́гой веду́т их в Третьяко́вскую галере́ю.
5. Идёт дождь, мы идём домо́й.

4. Antworten

Beantworten Sie die Fragen mit ходи́ть oder éздить im Präteritum.

Где он был? – *Он ходи́л в лес.*

1. Где вы бы́ли на про́шлой неде́ле?   Мы _____ на да́чу.
2. Где ты был в воскресе́нье?   Я _____ на трениро́вку.
3. Где был господи́н Петро́в вчера́?   Он _____ в командиро́вку.
4. Где была́ Ни́на?   Она́ _____ в Москву́.
5. Где они́ бы́ли ве́чером?   Они́ _____ в парк.

Lösungen

Präfigierte Verben der Fortbewegung

Präfigierte Verben der Fortbewegung bilden Aspektpaare mit Hilfe des bestimmten
Verbs (vollendeter Aspekt) und des unbestimmten Verbs (unvollendeter Aspekt).
Die lexikalische Bedeutung des Ausgangsverbs ändert sich *durch das vorangestellte*
Präfix.

Verben der Fortbewegung ohne Präfix	vollendetes Verb	unvollendetes Verb	dt. Bedeutung
идти́ / ходи́ть gehen	уйти́ прийти́ найти́	уходи́ть приходи́ть находи́ть	weggehen kommen finden
нести́ / носи́ть tragen	принести́ отнести́ вы́нести	приноси́ть относи́ть выноси́ть	herbringen, herbeitragen wegbringen, wegtragen hinaustragen
вести́ / води́ть führen	перевести́ развести́сь произвести́	переводи́ть разводи́ться производи́ть	übersetzen sich scheiden lassen erzeugen, hervorbringen
везти́ / вози́ть fahren (transportieren)	ввезти́ вы́везти привезти́	ввози́ть вывози́ть привози́ть	einführen, importieren ausführen, exportieren anfahren, herbringen
лете́ть / лета́ть fliegen	прилете́ть отлете́ть улете́ть	прилета́ть отлета́ть улета́ть	angeflogen kommen, heranfliegen abfliegen wegfliegen
Abweichende Aspektbildung haben:			
е́хать / е́здить fahren	прие́хать уе́хать перее́хать	приезжа́ть уезжа́ть переезжа́ть	ankommen, angefahren kommen wegfahren hinüberfahren, umziehen
бежа́ть / бе́гать laufen, rennen	убежа́ть прибежа́ть	убега́ть прибега́ть	weglaufen heranlaufen
плыть / пла́вать schwimmen	переплы́ть	переплыва́ть	hinüberschwimmen

Besonderheiten:

пойти́ *(vo.)*
пое́хать *(vo.)*
побежа́ть *(vo.)*

*1. Diese Verben haben <u>nur</u> den vollendeten Aspekt. Das Präfix **по-** gibt ihnen die Bedeutung "los-": losgehen, losfahren, loslaufen.*

Они́ **походи́ли** по па́рку,
а пото́м се́ли на скаме́йку.
Бори́с **поплавал** в реке́.

*2. **по-** + unbestimmtes Verb bildet hier ein vollendetes Verb mit der Bedeutung "etwas, ein wenig": ein wenig umhergehen, etwas schwimmen.*

Вчера́ Ва́ня **съе́здил** в Москву́,
а за́втра **съе́здит** в Смоле́нск.
Ма́рья ещё не **сходи́ла** к врачу́.
В сре́ду она́ **схо́дит** в поликли́нику.

*3. Die Verben **съе́здить** und **сходи́ть** bedeuten "<u>einmal</u> hin und zurück".*

Сын **сходи́л** за хле́бом.
Der Sohn hat Brot geholt (zu Fuß).
Дочь **схо́дит** за молоко́м.
Die Tochter wird Milch holen.
Мать **съе́здила** за врачо́м.
Die Mutter hat den Arzt geholt
(ist gefahren).

*Die Verben **съе́здить** und **сходи́ть** sind vollendet und bedeuten mit **за** + Instr. "etwas holen".*

Ле́на **приходи́ла** ко мне.
Lena war bei mir.
(d.h., sie ist hergekommen und wieder weggangen)
Са́ша **выходи́л** на у́лицу.
Sascha war draußen auf der Straße.
(d.h., er ist hinausgegangen und wieder hereingekommen)

*4. Das unvollendete Verb **ходи́ть** mit den Präfixen **при-, в-, вы-, у-, под-** hat die Bedeutung "<u>hin und zurück</u> gehen".*

siehe auch Aspekte S. 63

Präfixe und Präpositionen in Verbindung mit Verben der Bewegung
(Auswahl)

в-	→	в + Akk.	войти́ / входи́ть в дом внести́ / вноси́ть в ко́мнату въе́хать / въезжа́ть в Герма́нию
вы-	→	из + Gen.	вы́йти / выходи́ть из ваго́на вы́везти / вывози́ть из Росси́и вы́ехать / выезжа́ть из страны́
	→	в /на + Akk.	вы́йти / выходи́ть в коридо́р, на ку́хню
при-	→ →	в + Akk. на + Akk. к + Dat.	прийти́ / приходи́ть в го́сти привести́ / приводи́ть на экску́рсию приплы́ть / приплыва́ть к бе́регу
у-	→ → → →	из + Gen. с + Gen. от + Gen. в + Akk.	улете́ть / улета́ть из Москвы́ увезти́ / увози́ть с вокза́ла уйти́ / уходи́ть от други́х уе́хать / уезжа́ть в командиро́вку
от-	→ →	от + Gen. в + Akk.	отъе́хать / отъезжа́ть от гла́вного вокза́ла отойти́ / отходи́ть в сто́рону отнести́ / относи́ть в ка́меру хране́ния
до-	→	до + Gen.	дойти́ / доходи́ть до остано́вки довести́ / доводи́ть до конца́
под-	→	к + Dat.	подойти́ / подходи́ть к ка́ссе подъе́хать / подъезжа́ть к це́ли
пере-	→	+ Akk.	перейти́ у́лицу на другу́ю сто́рону перее́хать / переезжа́ть мост
	→	че́рез + Akk.	перейти́ / переходи́ть че́рез у́лицу перее́хать / переезжа́ть че́рез мост перенести́ / переноси́ть че́рез во́ду
про-	→	ми́мо + Gen.	прое́хать / проезжа́ть ми́мо теа́тра
	→	че́рез + Akk.	пройти́ / проходи́ть че́рез перехо́д

об-	→	+ Akk.		объе́хать / объезжа́ть весь мир
	→	вокру́г + Gen.		обойти́ / обходи́ть вокру́г па́мятника
раз-/ рас-	→	+ Akk.		разойти́сь / расходи́ться во все сто́роны auseinandergehen in alle Richtungen разойти́сь / расходи́ться auseinandergehen, sich trennen развести́сь / разводи́ться sich scheiden lassen разнести́ / разноси́ть по́чту Post austragen
за-	→	за + Instr.		зайти́ / заходи́ть за биле́тами Fahrkarten abholen (zu Fuß) зае́хать / заезжа́ть за дру́гом den Freund abholen (mit einem Fahrzeug)
	→	в + Akk.		зайти́ / заходи́ть в библиоте́ку (mal kurz) in die Bibliothek gehen
	→	к + Dat.		зайти́ / заходи́ть к подру́ге bei der Freundin vorbeigehen зае́хать / заезжа́ть к ма́тери bei der Mutter vorbeifahren
	→	за + Akk.		зайти́ / заходи́ть за дом hinter das Haus gehen

"kommen und mitbringen"

прийти́ / приходи́ть +
    принести́ / приноси́ть

zu Fuß kommen + tragen

прийти́ /приходи́ть +
    привести́ / приводи́ть

zu Fuß kommen + führen

прие́хать /приезжа́ть +
    привезти́ / привози́ть

per Fahrzeug kommen + transportieren

Че́рез неде́лю **прие́дет** Анто́н и
привезёт но́вый видеофи́льм.
In einer Woche kommt Anton und
bringt einen neuen Videofilm mit.

Вчера́ **пришла́** ко мне Ве́ра и
принесла́ пельме́ни.
Gestern ist Vera zu mir gekommen und
hat Pelmeni mitgebracht.

Пото́м **пришли́** мои́ роди́тели и
привели́ с собо́й моего́ дя́дю.
Dann sind meine Eltern gekommen und
haben meinen Onkel mitgebracht.

На́дя **ушла́** и **унесла́** ста́рую бума́гу.
Nadja ist weggegangen und
hat das Altpapier mitgenommen.

*Analog wird auch "**mitnehmen**"*
eingesetzt.

Они́ **уе́хали** и **увезли́** дете́й на куро́рт.
Sie sind weggefahren und haben
die Kinder in den Kurort mitgenommen.

1. Entscheiden

Setzen Sie "mitbringen" in der richtigen Form ein.

1. Прие́хал сосе́д и _____ холоди́льник.
2. За́втра придёт брат и _____ все докуме́нты.
3. Де́вочка ежедне́вно приходи́ла и _____ ему́ обе́д.
4. Вчера́ она́ пришла́ и _____ медсестру́.
5. Когда́ де́ти ходи́ли в лес, они́ всегда́ _____ грибы́ и я́годы.
6. Когда́ друзья́ приезжа́ли, они́ всегда́ _____ све́жие газе́ты.
7. Прихо́дит Пётр и _____ цветы́.

2. Umbilden

Bilden Sie den Satz so, dass die Bewegung in umgekehrter Richtung verläuft.

Мы вы́шли из до́ма. – *Мы вошли́ в дом.*

a) Präfix в- / вы-
  Verwenden Sie die Präpositionen в bzw. из!

1. Пассажи́ры вхо́дят в ваго́н.
2. Выходи́те из за́ла!
3. Я войду́ в магази́н че́рез час.
4. Михаи́л внёс мои́ ве́щи в дом.
5. Вы́ведите, пожа́луйста, посети́теля из кабине́та.
6. На́ша страна́ ввози́т това́ры из Герма́нии.
7. Нельзя́ вы́вести ору́жие.
8. По́езд въе́хал в тунне́ль.

б) Präfix при- / у-

1. Унеси́те бума́гу.
2. Никола́й Ива́нович прие́хал из Росси́и.
3. Не уезжа́йте за́втра.
4. Не уходи́те сли́шком ра́но.

в) Präfix под- / от-
  Verwenden Sie die Präpositionen к bzw. от!

1. Валенти́на Петро́вна подошла́ к ка́ссе.
2. Они́ отошли́ от око́шка спра́вочного бюро́.
3. Подойди́те, пожа́луйста.
4. Такси́ подвезёт их к теа́тру.

3. Antworten

Geben Sie verneinende Antworten nach dem Muster. Beachten Sie, dass die Verneinung mit dem unvollendeten Verb geschieht!

Принести́ тебе́ чай? – *Нет, не приноси́, не хочу́ пить.*

1. Мо́жет быть, прие́хать к вам в суббо́ту?
2. Пое́хать бы мне к Ва́не!
3. Привезти́ тебе́ что́-нибудь с Байка́ла?
4. Принести́ вам друго́е вино́?
5. Перее́хать на другу́ю кварти́ру и́ли нет?

4. Ersetzen

Ersetzen Sie die Formen von быть durch die Formen von съездить oder сходить. Beachten Sie, dass die Ortsangabe nach съездить / сходить im Akkusativ stehen muss!

Петро́вы бы́ли в Ки́еве. – *Петро́вы съе́здили в Ки́ев.*

1. Ка́тя была́ в Новосиби́рске.
2. Ко́ля был в магази́не напро́тив.
3. В ма́е мы бу́дем в Но́вгороде.
4. За́втра Во́ва бу́дет на почта́мте.
5. Они́ бы́ли во Владивосто́ке.

Lösungen

1. 1. привёз 2. принесёт 3. приво́зят 4. приве́зла 5. приноси́ла 6. привози́ли 7. прино́сит

2. а) 1. Пассажи́ры выхо́дят из ваго́на. 2. Входи́те в зал! 3. Я вы́йду из магази́на че́рез час. 4. Михаи́л вы́нес мои́ ве́щи из до́ма. 5. Введи́те, пожа́луйста, посети́теля в кабине́т. 6. Наша страна́ выво́зит това́ры в Герма́нию? 7. Нельзя́ ввести́ ору́жие. 8. По́езд вы́ехал из тунне́ля.
б) 1. Принеси́те бума́гу. 2. Никола́й Ива́нович уе́хал в Росси́ю. 3. Не приезжа́йте за́втра. 4. Не приходи́те сли́шком ра́но.
в) 1. Валенти́на Петро́вна отошла́ от ка́ссы. 2. Они́ подошли́ к око́шку спра́вочного бюро́. 3. Отойди́те, пожа́луйста. 4. Такси́ отвезёт их от теа́тра.

3. 1. Нет, не приезжа́йте. 2. Нет, не е́зди. 3. Нет, не приво́зи ничего́. 4. Нет, не приноси́те. 5. Нет, не переезжа́йте.

4. 1. Ка́тя съе́здила в Новосиби́рск. 2. Ко́ля сходи́л в магази́н напро́тив. 3. В ма́е мы съе́здим в Но́вгород. 4. За́втра Во́ва схо́дит на почта́мт. 5. Они́ съе́здили во Владивосто́к.

1. und 2. Person				
	Singular		Plural	
Nom.	я	ты	мы	вы
Gen.	меня́	тебя́	нас	вас
Dat.	мне	тебе́	нам	вам
Akk.	меня́	тебя́	нас	вас
Instr.	мной	тобо́й	на́ми	ва́ми
Präp.	обо мне	о тебе́	о нас	о вас

3. Person			
	Singular		Plural
Nom.	он, оно́	она́	они́
Gen.	его́	её	их
Dat.	ему́	ей	им
Akk.	его́	её	их
Instr.	им	ей	и́ми
Präp.	о нём	о ней	о них

Разгово́р.
– Я обяза́тельно приду́.
Жди меня́.
И пото́м ты мне всё расска́жешь.
Дире́ктор вы́звал меня́.
Он хо́чет поговори́ть со мной.
Интере́сно, что он ду́мает обо мне.

  – Ты не зна́ешь,
что он хо́чет от тебя́?
Он тебе́ не говори́л,
почему́ он вы́звал тебя́?
Мо́жет быть, у него́ больши́е пла́ны
с тобо́й!
О тебе́ ведь мо́жно сказа́ть то́лько
са́мое хоро́шее.

*Lauten Präpositionen vor мне und
мной auf Konsonanten aus, so wird
ihnen ein -о angefügt:*
**во мне, ко мне, обо мне,
передо мной, со мной.**

– У **него**, наве́рное, но́вое
зада́ние для меня́ и други́х.
Я пойду́ и вме́сте **с ни́ми**
бу́ду ждать его́.
У **него́** о́чень ую́тный кабине́т.

Я когда́-то помогла́ **ему́**
обста́вить **его́** кабине́т.
Irgendwann habe ich ihm geholfen,
sein Arbeitszimmer einzurichten.

Поэ́тому мы бу́дем ждать **его́** там.
Deshalb werden wir dort auf ihn warten.

*Nach Präpositionen haben die
Personalpronomen der 3. Person
einen "н-"-Vorschub.*

*Die Personalpronomen und die
Possessivpronomen **его, её, их**
haben das gleiche Schriftbild.*

Прове́рьте себя́

1. Bestimmen

Kreuzen Sie das zum Substantiv gehörende Personalpronomen an.

	он	она́	оно́	они́
кре́сло				
наде́жда				
соба́ка				
огоро́ды				
посо́л				
посо́льство				
жюри́				
ме́бель				
писа́тель				
города́				

2. Ersetzen

Welche Personalpronomen können für die unterstrichenen Wendungen eingesetzt werden?

На на́шей у́лице откры́ли туристи́ческую фи́рму. В э́той фи́рме мо́жно покупа́ть путёвки во все уголки́ све́та. Фи́рма зака́зывает для вас и гости́ничный но́мер у мо́ря. По жела́нию но́мер в гости́нице мо́жно взять с ви́дом на мо́ре. Ме́неджеры предлага́ют всесторо́нние услу́ги. Ме́неджеры беру́т за услу́ги не сли́шком до́рого. Мои́ знако́мые бы́ли о́чень дово́льны услу́гами. Знако́мым да́же предложи́ли специа́льную страхо́вку. За страхо́вку бра́ли немно́го. Когда́ дру́гу ну́жно бы́ло ра́ньше верну́ться, дру́гу доста́ли обра́тный биле́т. Дру́гу поменя́ли биле́т на но́вый. Ка́жется, что турбюро́ мо́жно рекомендова́ть.

3. Umformen

Formen Sie die Personalpronomen um.

Вчера́ го́сти из Санкт-Петербу́рга бы́ли у _____ ,	я
а за́втра они́ посетя́т _____ .	ты
Они́ привезли́ _____ настоя́щий самова́р.	мы
Они́ обяза́тельно хотя́т встре́титься с _____ .	вы
Серёжа до́лго разгова́ривал со _____ .	я
А с _____ он хо́чет реши́ть како́й-то вопро́с.	ты

Lösungen

98

Possessivpronomen

Die russischen Possessivpronomen sind: **мой** – *mein,* **твой** – *dein,* **егó** – *sein (mask./ neutr.),* **её** – *ihr,* **наш** – *unser,* **ваш** – *euer,* **их** – *ihr (Plural).*

Свой *steht für alle Personen im Singular und Plural, wenn sich das Possessivpronomen auf das Subjekt im Satz bezieht.*

mask.	fem.	neutr.	Plural
мой	моя́	моё	мои́
твой	твоя́	твоё	твои́
наш	на́ша	на́ше	на́ши
ваш	ва́ша	ва́ше	ва́ши
свой	своя́	своё	свои́
егó	её	егó	их

Diese Pronomen werden ähnlich wie Adjektive dekliniert.

Diese Pronomen werden <u>*nicht*</u> *dekliniert.*

Я пишу́ **мои́м** карандашóм,
а не **твои́м**.
Я нашла́ **мою́** ру́чку,
а не **твою́**.
Моё сочинéние лу́чше,
чем **твоё**.
В **мои́х** пи́сьмах бóльше ошѝбок,
чем в **твои́х**.

*Die Possessivpronomen stimmen mit dem Substantiv in **Kasus, Genus** und **Numerus** überein.*

Олéг послáл поздравлéния
на́шим друзья́м.
Он передáл привéт и от **ва́шего** и́мени.

Кóля говори́т по телефóну:
– Мáма, ты нашла́ мой нóвый словáрь?
Я забы́л **мой/свой** словáрь дóма.
На́ши тетрáди лежáт на пóлке.
Мы ещё должны́ испрáвить ошѝбки
в **на́ших/свои́х** тетрáдях.

*Bei der 1. und 2. Person kann **свой** anstelle von* **мой/наш** *bzw.* **твой/ваш** *stehen.*

его, её, их - свой

Кóля забы́л **свой** словáрь дóма.
Kolja hat <u>sein</u> (eigenes) Wörterbuch
zu Hause vergessen.
У Серёжи тóже нóвый словáрь.
Serjosha hat auch ein neues Wörterbuch.
Кóля взял **егó** словáрь.
(= словáрь Серёжи)
Kolja nahm <u>sein</u> Wörterbuch.
(= das Wörterbuch von Serjosha)
У Тáни тóлько стáрый словáрь.
Tanja hat nur ein altes Wörterbuch.

Кóля не брал **её** словаря́.
   (= словáрь Тáни)
Kolja hat nicht <u>ihr</u> Wörterbuch genommen.
   (= das Wörterbuch von Tanja)

У Кóли и Серёжи нóвые словари́.
Kolja und Serjosha haben neue Wörterbücher.
Иногдá **Тáня** берёт **их** словари́.
   (= словари́ Кóли и Серёжи)
Manchmal nimmt <u>Tanja</u> <u>ihre</u> Wörterbücher.
   (= Wörterbücher von Kolja und Serjosha)

*Bei der 3. Person steht **свой**, wenn das <u>Subjekt</u> gleichzeitig der <u>Besitzer</u> von etwas ist. Ist das <u>Subjekt nicht der Besitzer</u>, stehen его, её bzw. их.*

Провéрьте себя́

1. Erkennen

Unterstreichen Sie die Possessivpronomen im Text und bestimmen Sie den Besitzer:
а) господи́н Кузнецóв oder б) женá.

Господи́н Кузнецóв хотéл получи́ть свою́ ви́зу.
Чинóвник взял егó докумéнты и сказáл:
– Дáйте мне ещё свою́ спрáвку нóмер два.
  А где докумéнты вáшей жены́?
  Тут нет её докумéнтов.
  Крóме тогó, запóлните ещё свой бланк.
  Вот блáнки для вáшей жены́.
  Запóлните и её бланк.
  Чéрез недéлю вы мóжете получи́ть свои́ ви́зы.

2. Einfügen

Fügen Sie das jeweils erforderliche Possessivpronomen ein.

а) Кошелёк принадлежи́т Тама́ре.

Тама́ра потеря́ла _____ кошелёк.

Ва́ня нашёл _____ кошелёк.

б) Э́то очки́ Ви́ктора.

Ви́ктор и́щет _____ очки́.

Он забы́л _____ очки́ на рабо́те.

Пришла́ Та́ня и принесла́ _____ очки́.

в) Ру́чка принадлежи́т госпоже́ Красно́вой.

На по́чте.

Госпожа́ Красно́ва вынима́ет _____ ру́чку из су́мочки.

Она́ кладёт _____ ру́чку на стол.

Молодо́й челове́к стои́т ря́дом с ней и берёт _____ ру́чку.

Он говори́т :

– Э́то не моя́ ру́чка. Мо́жет быть, э́то _____ ру́чка?

Мо́жно запо́лнить бланк _____ ру́чкой?

Молодо́й челове́к заполня́ет бланк _____ ру́чкой.

Пото́м он отдаёт ей _____ ру́чку.

Lösungen

кото́рый

Кото́рый из э́тих вопро́сов
ва́жнее?
Кото́рая из студе́нток лу́чшая?
Кото́рый час?

1) кото́рый ist Fragewort.
Man fragt damit
- *nach der Reihenfolge oder Auswahl,*
- *nach der Uhrzeit.*

Сего́дня мы вас хоти́м ознако́мить
с фи́рмой,
кото́рая нахо́дится на Ура́ле.
Ура́льское предприя́тие,
от кото́рого вы получи́ли приглаше́ние,
хо́чет установи́ть комме́рческие конта́кты.
С произво́дством фи́рмы,
кото́рую соверше́нно переорганизова́ли,
вас познако́мят её представи́тели.
Мы представля́ем вам ме́неджера,
с кото́рым вы смо́жете побесе́довать.
У него́ есть все полномо́чия,
о кото́рых не́которые из вас уже́
спра́шивали.

2) кото́рый leitet Nebensätze ein.
Es stimmt mit dem Beziehungswort in
Genus und Numerus überein.
Der Kasus hängt von der Satzglied-
funktion des Relativpronomens
кото́рый im Nebensatz ab.

Мы встре́тились с писа́телем,
произведе́ния **кото́рого** о́чень популя́рны.
Wir trafen den Autor,
dessen Werke sehr populär sind.
Тама́ра, о тала́нте **кото́рой** вы все зна́ете,
выступа́ет в конце́рте.
Tamara, **von derem** Talent Sie alle wissen,
tritt in dem Konzert auf.
В зда́нии, о́кна **кото́рого** всегда́
закры́ты, никто́ не живёт.
In dem Gebäude, **dessen** Fenster immer
geschlossen sind, wohnt niemand.
У нас продаю́тся все кни́ги, а́второв
кото́рых вы встре́тите на я́рмарке.
Bei uns werden alle Bücher verkauft, **deren**
Autoren Sie auf der Messe antreffen werden.

*Die deutschen Formen "**dessen,***
***deren**" werden mit diesen Genitiv-*
formen wiedergegeben:
кото́рого (maskulin / neutral),
кото́рой (feminin),
кото́рых (Plural).
Im Russischen sind sie nachgestellt,
sie stehen immer an zweiter Stelle
nach dem Substantiv.

1. Umformen

Bilden Sie aus zwei Sätzen einen Satz mit который. Beachten Sie die Zeitformen der Verben!

Отéц на кýхне. Он готóвит обéд. - *Отéц, котóрый готóвит обéд, на кýхне.*

1. Дéти люби́ли купáться в óзере. Óзеро находи́лось недалекó от их дóма.
2. Серёже óчень нрáвятся нóвые джи́нсы. Он их купи́л в Москвé.
3. Ря́дом с ни́ми живёт пилóт. Они́ чáсто с ним разговáривают.
4. Ири́на ещё бýдет говори́ть по телефóну с Ви́ктором. Онá ужé давнó написáла емý (Ви́ктору) письмó.

2. Übersetzen

Übertragen Sie die angegebenen Wendungen. Achten Sie dabei auf das Genus der russischen Substantive!

мáма, *день рождéния котóрой ...*   Mutti, deren Geburtstag ...

гóрод, _____   die Stadt, deren Architektur ...
тайгá, _____   die Taiga, deren Wälder ...
óзеро, _____   der See, dessen Wasser ...
жи́тели, _____   die Einwohner, deren Wohnungen ...
университéт, _____   die Universität, deren Studenten ...

Lösungen

университéт, студéнты котóрого ...
жи́тели, квартúры котóрых ...
óзеро, водá котóрого ...
тайгá, лесá котóрой ...
2. гóрод, архитектýра котóрого ...

письмó.
4. Ири́на ещё бýдет говори́ть по телефóну с Ви́ктором, котóрому онá ужé давнó написáла
3. Ря́дом с ни́ми живёт пилóт, с котóрым они́ чáсто разговáривают.
2. Серёже óчень нрáвятся нóвые джи́нсы, котóрые он купи́л в Москвé.
1. 1. Дéти люби́ли купáться в óзере, котóрое находи́лось недалекó от их дóма.

103

КТО – ЧТО

Mit **кто** *"wer" fragt man nach Personen und Tieren, ansonsten verwendet man* **что** *"was".*

Nom.	кто
Gen.	кого́
Dat.	кому́
Akk.	кого́
Instr.	кем
Präp.	о ком

<u>Кто</u> встре́тил госте́й на вокза́ле?

    <u>Ива́н Ива́нович</u> встре́тил госте́й на вокза́ле.

<u>От кого́</u> го́сти переда́ли приве́т?

    Го́сти переда́ли приве́т <u>от роди́телей</u>.

<u>Кому́</u> го́сти привезли́ пода́рки?

    Го́сти привезли́ пода́рки <u>всем друзья́м</u>.

<u>Кого́</u> Ива́н Ива́нович встре́тил на вокза́ле?

    Он встре́тил <u>свои́х госте́й</u> из Москвы́.

<u>С кем</u> Ива́н Ива́нович познако́мил госте́й?

    Он познако́мил госте́й <u>с Та́ней</u>.

<u>О ком</u> го́сти расска́зывали?

    Го́сти расска́зывали <u>о свои́х вну́ках</u>.

Nom.	что
Gen.	чего́
Dat.	чему́
Akk.	что
Instr.	чем
Präp.	о чём

<u>Что</u> всем о́чень понра́вилось?

    <u>Пода́рки</u> всем о́чень понра́вились.

<u>Без чего́</u> москвичи́ не мо́гут прие́хать?

    Москвичи́ не мо́гут прие́хать <u>без пода́рков</u>.

<u>Чему́</u> Та́ня ра́довалась?

    Осо́бенно Та́ня ра́довалась <u>своему́ пода́рку</u>.

<u>Что</u> подари́ли Та́не?

    Та́не подари́ли <u>большу́ю матрёшку</u>.

<u>Чем</u> занима́лась Та́ня весь день?

    Та́ня весь день игра́ла со <u>свое́й матрёшкой</u>.

<u>О чём</u> она́ расска́зывала всем?

    Она́ всем расска́зывала <u>о други́х ку́клах</u>
в матрёшке.

чей – чья – чьё – чьи

Mit den Fragepronomen **чей – чья – чьё – чьи** *fragt man nach der Zugehörigkeit.*
чей – чья – чьё – чьи werden dekliniert und stimmen (im Gegensatz zum Deutschen!)
in Genus, Kasus und Numerus mit dem Substantiv, nach dessen Zugehörigkeit sie
fragen, überein.

maskulin	
	Михаи́л живёт в О́мске.
чей де́душка?	Его́ де́душка живёт там.
у **чьего́** де́душки?	Михаи́л до́лго не́ был у своего́ де́душки.
чьему́ прие́зду?	Де́душка рад его́ прие́зду.
чей/чьего́*	
(hier) **чьего́** вну́ка?	Он о́чень лю́бит своего́ вну́ка,
чьим пра́внуком?	и осо́бенно ча́сто гуля́ет со свои́м пра́внуком.
о **чьём** сы́не?	Михаи́л расска́зывает о своём сы́не.
feminin	
чья семья́?	Его́ семья́ че́рез неде́лю то́же прие́дет.
у **чьей** ба́бушки?	Семья́ ещё на Байка́ле у их друго́й ба́бушки.
чьей ба́бушке?	Они́ предста́вили свое́й ба́бушке пра́внука.
чью сестру́?	А Михаи́л на э́той неде́ле посети́т свою́ сестру́.
с **чьей** сестро́й?	Он хо́чет поговори́ть со свое́й сестро́й о
	встре́че всей семьи́.
о **чьей** встре́че?	Они́ уже́ до́лго мечта́ют о свое́й встре́че.
neutral	
	Михаи́л сиди́т в столо́вой сестры́.
чьё кре́сло?	Там стои́т ста́рое кре́сло ма́тери.
чьего́ письма́?	На столе́ нет его́ письма́.
к **чьему́** кре́слу?	Михаи́л идёт к своему́ кре́слу.
чьё лицо́?	Они́ с сестро́й вспомина́ют лицо́ ма́тери и
	как она́ сиде́ла под свои́м люби́мым
под **чьим** де́ревом?	де́ревом в саду́.
о **чьём** сча́стье?	Мать постоя́нно забо́тилась о сча́стье
	свои́х дете́й.

Plural	
чьи роди́тели?	<u>Их</u> роди́тели ра́но у́мерли.
тради́ции **чьих** роди́телей?	Михаи́л и сестра́ продолжа́ют тради́ции <u>свои́х</u> роди́телей.
согла́сно **чьим** тради́циям?	Согла́сно <u>их</u> ста́рым тради́циям вся семья́ встреча́ется ка́ждые два го́да у ба́бушки.
чьи/чьих*	И Михаи́л уже́ давно́ ознако́мил
(hier) **чьих** сынове́й?	<u>свои́х</u> сынове́й со ста́рым обы́чаем.
с **чьи́ми** насле́дниками?	Таки́м о́бразом чле́ны семьй знако́мятся <u>со свои́ми</u> насле́дниками.
на **чьих** встре́чах?	<u>На их</u> встре́чах всегда́ ве́село.

* Die Form entspricht dem Nominativ oder Genitiv, abhängig davon, ob das Beziehungswort ein unbelebtes oder belebtes Substantiv ist.

Zur Aussprache:
чей *(tschej)*
чьей *(tschjej) – in allen Pronomen mit "ь" vor Vokal wird "j" gesprochen*

106

1. Fragen

Fragen Sie nach den unterstrichenen Satzgliedern.

Матрёшка явля́ется са́мой <u>типи́чной ру́сской игру́шкой</u>.
Почти́ <u>ка́ждый иностра́нный тури́ст</u> приво́зит из Росси́и с собо́й <u>матрёшку</u>.
На ро́дине он приглаша́ет <u>госте́й</u>, чтобы рассказа́ть <u>о свое́й пое́здке</u>.
Бо́льше всего́ <u>гостя́м</u>, коне́чно, нра́вятся <u>ку́клы</u>, кото́рые нахо́дятся одна́ в
друго́й.

2. Bestimmen

Fragen Sie nach dem Possessivpronomen und bestimmen Sie den Besitzer.

а) господи́н Анто́нов   *б) госпожа́ Гу́сарева*   *в) пра́чка*

В пра́чечной.
Госпожа́ Гу́сарева неде́лю наза́д отнесла́ своё бельё в сти́рку.
Сего́дня пра́чка отдаёт ей её бельё.
Но э́та ска́терть с ро́зами не её ска́терть.
Ря́дом с ней стои́т её знако́мый, господи́н Анто́нов.
Он сра́зу узна́л свою́ ска́терть.
Он говори́т, что э́то его́ ска́терть.
Пра́чка про́сит проще́ния у свои́х клие́нтов
и говори́т, что э́то её вина́.
Она́ уве́рена, что бо́льше не бу́дет пу́тать их бельё.
Её клие́нты обеща́ют и в дальне́йшем приноси́ть своё бельё в её пра́чечную.

Lösungen

кто́-нибудь   кто́-то   ко́е-кто

-нибудь	-то	ко́е-
bezeichnet etwas Unbe-stimmtes, Unbekanntes oder dem Sprecher Gleichgültiges	bezeichnet etwas Bestimm-tes, nicht genau Benanntes	bezeichnet etwas Bekann-tes, aber bewusst nicht Genanntes
кто́-нибудь что́-нибудь како́й-нибудь	кто́-то что́-то како́й-то	ко́е-кто ко́е-что ко́е-како́й
где́-нибудь куда́-нибудь ка́к-нибудь когда́-нибудь	где́-то куда́-то ка́к-то когда́-то	ко́е-где ко́е-куда́ ко́е-как ко́е-когда́

Ка́к-нибудь успе́ю на по́езд.
Irgendwie werde ich den Zug schaffen.
Когда́-нибудь мы пое́дем на Байка́л.
Irgendwann werden wir an den Baikal fahren.
Купи́ **где́-нибудь** по доро́ге цветы́!
Kaufe irgendwo unterwegs Blumen!
Ты **что́-либо** приду́мала?
Hast du dir irgend etwas einfallen lassen?

Ольга интересу́ется **чём-то** други́м.
Olga interessiert sich für etwas anderes.
Господи́н Алексе́ев **куда́-то** уе́хал.
Herr Alexejew ist irgendwohin weggefahren.
Где́-то здесь живу́т Петро́вы.
Irgendwo hier wohnen die Petrows.

Да, **ко́е-кто** приходи́л.
Ja, der eine oder andere war gekommen.

Ко́е к кому́ мне на́до сходи́ть.
Zu dem einen oder anderen muss ich gehen.
Ко́е о чём на́до поговори́ть.
Über das eine und andere muss gesprochen werden.

-нибудь wird gebraucht u.a.
in Verbindung mit dem Futur,
in Verbindung mit dem Imperativ,
in Fragesätzen.

-либо ist schriftsprachlich und
wird gebraucht wie -нибудь.

-то drückt etwas aus, dass der
Sprecher nicht exakt benennen
kann / will.

ко́е- drückt etwas dem Sprecher
Bekanntes aus.

Die Präposition tritt zwischen ко́е
und кто, что, каки́е.

чтобы

a) damit

Он вы́звал такси́,
чтобы она́ не опозда́ла на по́езд.
Er rief ein Taxi,
damit sie den Zug nicht versäumt.
Ора́тор говори́т гро́мко,
чтобы все его́ по́няли.
Жена́ позвони́т ему́,
чтобы он знал, как она́ дое́хала.

чтобы hat die Bedeutung "*damit*",
wenn in Haupt- und Nebensatz
zwei Subjekte agieren.
чтобы ist eine Konjunktivform,
weshalb das Verb des Nebensatzes
im **Präteritum** *gebraucht wird.*

b) um zu

Тама́ра позвони́т в спра́вочное бюро́,
чтобы узна́ть но́мер Са́ши.
Tamara wird die Auskunft anrufen, um die
Telefonnummer von Sascha zu erfahren.
Они́ у́чат днём и но́чью,
чтобы успе́шно сдать экза́мены.
Госпожа́ Моро́зова пошла́ на вокза́л,
чтобы купи́ть биле́т.

*чтобы hat die Bedeutung "**um zu**",*
wenn in Haupt- und Nebensatz
nur ein Subjekt agiert.
In dieser Bedeutung folgt das Verb
– wie auch im Deutschen – im
Infinitiv*.*

c) dass

*In der Bedeutung "**dass**" ist der Gebrauch von* что *und* чтобы *zu unterscheiden.*

что	чтобы
*что **bedeutet die Mitteilung** **einer Tatsache***	*чтобы **ist der Ausdruck für einen** **Wunsch, eine Bitte, eine Aufforderung***
Он сказа́л, что Та́ня пришла́. Er sagte, dass Tanja <u>gekommen ist</u>. Она́ напо́мнила мне, что я забы́ла зо́нтик. Sie erinnerte mich daran, dass ich den Schirm <u>vergessen hatte</u>. Ва́жно, что все прису́тствовали. Es ist wichtig, dass alle <u>da waren</u>.	Он сказа́л, чтобы Та́ня пришла́. Er sagte, dass Tanja <u>kommen soll</u>. Она́ напо́мнила мне, чтобы я не забы́ла зо́нтик. Sie erinnerte mich daran, dass ich den Schirm nicht <u>vergessen möge</u>. Ва́жно, чтобы все прису́тствовали. Es ist wichtig, dass alle <u>da sind</u>.

знать, понима́ть, ви́деть, по́мнить, чу́вствовать, замеча́ть, сообща́ть, забы́ть, наде́яться, *я́сно, поня́тно, изве́стно, прия́тно, стра́шно и.а.*	*хоте́ть, тре́бовать, проси́ть, прика́зывать, стреми́ться, забо́титься,* *ну́жно, на́до, нельзя́, необходи́мо и.а.*

Nach diesen Ausdrücken steht nur:

что   **что́бы**

Оле́г забы́л, **что** на́до бы́ло купи́ть хлеб. Ни́на зна́ет, **что** на́до учи́ться. Мы наде́емся, **что** все дово́льны. Ты чу́вствуешь, **что** здесь ду́шно? Прия́тно, **что** вы пришли́.	Он хоте́л, **что́бы** мы купи́ли хлеб. Па́па тре́бует, **что́бы** она́ учи́лась. Его́ про́сят, **что́бы** он спел пе́сню. Ну́жно, **что́бы** мы откры́ли окно́. Нельзя́, **что́бы** она́ ушла́ без цвето́в.

Bei der Umwandlung von direkter Rede in indirekte Rede gilt:

что *steht bei Aussagesätzen*	**что́бы** *steht bei Imperativsätzen*
Он повтори́л: "Де́ти сказа́ли пра́вду." Он повтори́л, **что** де́ти сказа́ли пра́вду.	Он повтори́л: "Де́ти, скажи́те пра́вду!" Он повтори́л, **что́бы** де́ти сказа́ли пра́вду.
Она́ сообщи́ла: "За́втра мы уе́дем." Она́ сообщи́ла, **что** они́ за́втра уе́дут.	Она́ доба́вила: "Поздра́вь ма́му!" Она́ доба́вила, **что́бы** он поздра́вил ма́му.

Nach einer Reihe von Ausdrücken kann sowohl что als auch что́бы stehen:
z.B. сказа́ть, напо́мнить, переда́ть, повтори́ть, *ebenso* ва́жно, интере́сно.

Прове́рьте себя́

1. Verbinden

Verbinden Sie jeweils die beiden vorgegebenen Sätze mit чтóбы.

Ни́ночка вста́ла на стул. Все её уви́дели.
Ни́ночка вста́ла на стул, чтóбы все её уви́дели.

1. Ня́ня включи́ла телеви́зор. Ма́ленькая Вéрочка посмотрéла ска́зку.
2. Ива́н Петрóвич убра́л кóмнату. Гóсти чу́вствовали себя́ хорошó.
3. Отéц держа́л сы́на за́ руку. Ма́льчик не упа́л.
4. Ни́на сра́зу написа́ла письмó. Мать не волнова́лась.

2. Vervollständigen

Komplettieren Sie die Sätze auf Russisch.

1. Мы зашли́ в магази́н, _____ um Eis zu kaufen

2. Михаи́л пошёл на ку́хню, _____ um Suppe zu kochen

3. Елéна вста́ла, _____ um das Fenster zu schließen

4. Подру́га приéдет, _____ um meinen Mann kennen zu lernen

5. Ба́бушка наде́ла очки́, _____ um den Brief der Tochter zu lesen

3. Umformen

Bilden Sie die direkte Rede in die indirekte um. Verwenden Sie Ива́н сказа́л Ли́де ...

а) Друг мне помóг. – *Ива́н сказа́л Ли́де, что друг ему́ помóг.*
б) Помоги́! – *Ива́н сказа́л Ли́де, чтóбы она́ помогла́ ему́!*

1. а) Сын лю́бит купа́ться в мóре.   б) Не купа́йся в гря́зной рекé!
2. а) Я ждал её два часа́.   б) Жди меня́ у вхóда в метрó!

4. Entscheiden

что oder чтобы? Setzen Sie ein.

Матве́й позвони́л друзья́м, _____ (1) пригласи́ть их в рестора́н. Он о́чень хо́чет, _____ (2) все пришли́. И поэ́тому он ка́ждому из них не́сколько раз говори́л, _____ (3) о́чень ва́жно, _____ (4) все пришли́. Но он не говори́л о том, _____ (5) он хо́чет , _____ (6) друзья́ познако́мились с его́ жено́й. Друзья́ ещё не зна́ют, _____ (7) он жени́лся. Матве́й потре́бовал от ка́ждого, _____ (8) он принёс одну́ ро́зу. Он ду́мает, _____ (9) таки́м о́бразом друзья́ мо́гут поздра́вить жену́.

Lösungen

быть – sein

Präsens	Я ещё ма́ленький. Они́ симпати́чные. Э́то календари́ но́вого го́да. Оте́ц – сле́сарь. На́ши де́ти – шко́льники.
Präteritum	Господи́н Петро́в **был** врачо́м. Де́вушка **была́** россия́нка. Друзья́ **бы́ли** пра́вы. Всё **бы́ло** хорошо́. Днём **бы́ло** тепло́.
Futur	Я **бу́ду** стенографи́сткой. Ты **бу́дешь** дово́льна результа́том. Он **бу́дет** хоро́шим отцо́м. Она́ **бу́дет** врачо́м. Мы **бу́дем** бога́тыми. Вы **бу́дете** учителя́ми ру́сского языка́. Они́ **бу́дут** студе́нтами. Всё **бу́дет** хорошо́.
Imperativ	**Бу́дьте** здоро́вы! Не **будь** дурако́м!
Konjunktiv	**Был бы** он здесь.

*быть hat – im Gegensatz zum deutschen "sein" – **keine Präsensformen**. Man setzt einen Gedankenstrich, wenn in Subjekt und Prädikat zwei Substantive aufeinanderfolgen.*

Ка́тя **не** учени́ца, а студе́нтка.
Э́то бу́дет **не** моя́ вина́.

Он **не́** был гру́стным.
Письмо́ **не́** было чи́сто напи́сано.
Мы **не́** были винова́ты в оши́бке.

<u>aber:</u>
Она́ **не была́** певи́цей, а была́ балери́ной.

*Die Verneinung erfolgt mit **не**.*

*Beachten Sie bei den Präteritumformen von быть den **Betonungswechsel** zum не.*

Präsens	У меня́ (есть) маши́на. Ich habe ein Auto.
Präteritum	У него́ **бы́ли** друзья́. Er hatte Freunde.
Futur	У них **бу́дет** о́тпуск Sie werden Urlaub haben.

"Haben / besitzen" wird durch folgende Konstruktion wiedergegeben:
у + Besitzer (im Genitiv) + Form von бы́ть + Besitz (im Nominativ).

– У вас **есть** биле́ты в теа́тр?
Haben Sie Theaterkarten?
– Да, есть. У кого́ биле́ты?
Ja. Wer hat die Karten?
– Биле́ты у Серге́я.
Sergej hat die Karten.

Есть *hebt das Vorhandensein einer Person / Sache hervor.*

– У тебя́ есть телеви́зор?
Hast du <u>einen</u> Fernseher?
– Да, есть. Но телеви́зор сейча́с у бра́та.
Ja. Aber <u>den</u> Fernseher hat jetzt mein Bruder.

Beachten Sie den unbestimmten / bestimmten Artikel im Deutschen!

У Михайла	**был** **была́** **бы́ло** **бы́ли**	но́вый га́лстук. краси́вая ку́ртка. почти́ всё но́вое. лишь ста́рые кроссо́вки.

*Die Formen von бы́ть im Präteritum hängen von Genus und Numerus des **Besitzes** ab.*

У Мару́си	**бу́дет** **бу́дут**	велосипе́д. кани́кулы.

Im Futur steht бу́дет für Besitz im Singular, бу́дут für Besitz im Plural.

"Besitzen" kann auch durch das Verb **име́ть** *(име́ю, име́ешь, име́ют) wiedergegeben werden.*
Meistens gebraucht man aber die Sätze in der Konstruktion у + *Besitzer im Genitiv.*

Она́ име́ет мотоци́кл. = У неё есть мотоци́кл.

nicht haben / nicht besitzen

Präsens	У Фёдора **нет** мотоци́кла. Fjodor hat kein Motorrad.
Präteritum	У О́льги **не́ было** мячá. Olga hatte keinen Ball.
Futur	У Со́фьи **не бу́дет** свобо́дного вре́мени. Sofia wird keine Freizeit haben.

"Nicht haben / nicht besitzen" wird durch diese Konstruktion ausgedrückt:
у + Besitzer (im Genitiv) + Form von не быть/нет + Besitz (im Genitiv).

У хозя́йки **нет** са́хара.
У нас **нет** бу́лочек.
Нет ли у вас молокá?

*Im Präsens steht immer **нет**.*

У подру́ги **не́ было** путёвки на куро́рт.
У них **не́ было** шампáнского.

*Im Präteritum steht immer **не́ было**.*

У вас **не бу́дет** гостéй.
Не бу́дет ли у вас билéта на автóбус?

*Im Futur steht immer **не бу́дет**.*

es gibt

Die Satzstruktur ist wie bei "haben / besitzen", es entfällt jedoch die Nennung des Besitzers – "у когó".

es gibt	es gibt nicht (kein)
Präsens Есть кры́мское шампáнское. Es gibt Krim-Sekt. В столи́це есть посóльство. In der Hauptstadt gibt es eine Botschaft. Господи́н дирéктор сегóдня есть. Der Herr Direktor ist heute da.	Нет кры́мского шампáнского. Es gibt keinen Krim-Sekt. В гóроде нет посóльства. In der Hauptstadt gibt es keine Botschaft. Господи́на дирéктора сегóдня нет. Der Herr Direktor ist heute nicht da.

115

Präteritum	
Тут когда́-то был теа́тр.	Тут никогда́ не́ было теа́тра.
Hier gab es irgendwann ein Theater.	Hier gab es nie ein Theater.
И шампа́нское бы́ло.	Шампа́нского не́ было.
Es gab auch Sekt.	Es gab keinen Sekt.
Futur	
Моро́женое бу́дет.	Моро́женого не бу́дет.
Es wird Eis geben.	Es wird kein Eis geben.
Здесь бу́дет но́вый дом.	Здесь не бу́дет но́вого до́ма.
Hier wird es ein neues Haus geben.	Hier wird es kein neues Haus geben.

Помидо́ры есть?
Помидо́ры у вас есть?

Im Geschäft fragt man: "Gibt es ...?" oder "Haben Sie ...?"

Нет ли у вас ме́лочи?
Hätten Sie kein Kleingeld?

Die höfliche Frage wird mit "Нет ли ...?" ("Hätten / Haben Sie nicht ...?") eingeleitet.

Прове́рьте себя́

1. Übersetzen

Sagen Sie auf Russisch.

1. Meine Eltern haben (besitzen) ein Sommerhaus.
2. Meine Schlüssel hat Lena.
3. Seine Freundin hat kein Telefon.
4. Die Kinder hatten Ferien.
5. Der Junge hatte kein Fahrrad.
6. Bald werde ich ein Auto haben.
7. Mein Vater wird keine Zeit haben.
8. Er ist lustig.
9. Herr Nowikow ist Manager.
10. Wir waren nie in Moskau.
11. Frau Kusnezowa wird nicht reich, aber glücklich sein.

2. Beantworten

Geben Sie bejahende und verneinende Antworten auf die Fragen.
а) Да,... б) Нет,...

1. У вас есть кофева́рка?
2. У твое́й сестры́ есть пылесо́с?
3. Наш ми́ксер у вас?
4. На про́шлой неде́ле у тебя́ был о́тпуск?
5. Бу́дет ли за́втра хоро́шая пого́да?

3. Umformen

Geben Sie die Sätze im Präsens wieder.

Еле́на Алексе́евна была́ хоро́шая учи́тельница. Она́ была́ до́брая, серде́чная и весёлая. У неё бы́ло мно́го тала́нтливых ученико́в. Но бы́ли и ученики́, кото́рые бы́ли про́сто лени́вые. С ни́ми у Еле́ны Алексе́евны бы́ло мно́го хлопо́т.

Lösungen

Die deutschen Verben "können, müssen, sollen, dürfen, wollen, mögen, brauchen"
kann man nicht immer wörtlich übersetzen. Sie werden im Russischen mit verschiedenen
lexikalischen und grammatischen Mitteln wiedergegeben.

können

Он не мо́жет уе́хать,
потому́ что он заболе́л.
Er kann nicht wegfahren,
weil er krank geworden ist.
Не могу́ поня́ть, в чём де́ло.
Ich kann nicht verstehen, was los ist.
Мы смо́жем написа́ть письмо́ за́втра.
Wir können den Brief morgen schreiben.

мочь (unvo.) / смочь (vo.)
= die Möglichkeit haben

смочь immer mit vo. Aspekt

Не могли́ бы вы принести́ мне кни́гу?
Könnten Sie mir das Buch nicht bringen?

Stilistisch ist der Konjunktiv die
höfliche Form.

Мо́жно (мне) идти́?
Kann ich gehen?
Ей мо́жно бу́дет дать кни́гу.
Ihr wird man das Buch geben können.
Мо́жно взять кни́гу? Нет, нельзя́.
Kann ich das Buch nehmen? Nein, du
kannst (darfst) nicht.

мо́жно / нельзя́
Die handelnde Person steht im Dativ,
Präteritum mit бы́ло, Futur mit бу́дет.

Die Verneinung von мо́жно ist нельзя́.

Она́ уме́ет рабо́тать на компью́тере.
Sie kann mit dem Computer arbeiten.
Он не смог сдать экза́мены.
Er konnte die Prüfungen nicht bestehen.

уме́ть (unvo.) / суме́ть (vo.)
= eine Fähigkeit, etwas gelernt haben,
in der Lage sein
суме́ть immer mit vo. Aspekt

Вы ещё успе́ли купи́ть биле́ты?
Konnten Sie noch Karten kaufen?

успева́ть (unvo.) / успе́ть (vo.)
= Zeit finden/haben, zeitlich schaffen
успе́ть immer mit vo. Aspekt

Ему́ всегда́ удава́лось встава́ть без
буди́льника.
Er konnte immer ohne Wecker aufstehen.
Ей удало́сь найти́ оригина́л.
Sie konnte das Original finden.

удава́ться (unvo.) / уда́ться (vo.)
= gelingen
Die handelnde Person steht im Dativ.
уда́ться immer mit vo. Aspekt

Мо́жет быть, она́ права́.
Sie kann recht haben.
Ты, наве́рное, допусти́л оши́бку.
Du könntest einen Fehler gemacht haben.

*Eine Vermutung wird mit **мо́жет быть** oder **наве́рно(е)** ausgedrückt, die in Kommas eingeschlossen werden.*

müssen

Ты должна́ купи́ть хлеб.
Du musst Brot kaufen.
Мы должны́ бы́ли ждать его́.
Wir mussten auf ihn warten.

до́лжен, должна́, должно́, должны́
*= ein äußerer Zwang, eine Notwendigkeit, eine moralische Verpflichtung Präteritum und Futur werden mit den Formen von **быть** gebildet.*

Нам необходи́мо бу́дет заказа́ть но́мер в гости́нице.
Wir werden ein Hotelzimmer bestellen müssen.

*so auch bei **необходи́мо***

Тебе́ на́до/ну́жно е́хать.
Du musst fahren.
Нам на́до/ну́жно бы́ло вы́звать врача́.
Wir mussten den Arzt holen
Вам на́до/ну́жно бу́дет взять зо́нтик с собо́й.
Sie werden einen Schirm mitnehmen müssen.

на́до / ну́жно
= notwendig, empfehlenswert sein Die handelnde Person steht im Dativ, Prät. mit бы́ло, Fut. mit бу́дет.

Не на́до/не ну́жно гла́дить руба́шку.
Das Hemd muss man nicht bügeln.
Нам не на́до бу́дет дари́ть пода́рок.
Wir müssen/brauchen kein Geschenk überreichen.

***не на́до / не ну́жно** immer mit unvo. Aspekt*

Мне прихо́дится эконо́мить де́ньги.
Ich muss Geld sparen.
Тебе́ придётся сходи́ть к врачу́.
Du wirst zum Arzt gehen müssen.

***прихо́дится, приходи́лось** (unvo.) / **придётся, пришло́сь** (vo.) mit handelnder Person im Dativ = gezwungen sein*

Вам сле́дует подожда́ть дире́ктора.
Sie werden auf den Direktor warten müssen.
Вам не сле́дует отвеча́ть на все вопро́сы.
Sie müssen nicht auf alle Fragen antworten.

***сле́дует** immer mit vo. Aspekt, **не сле́дует** immer mit unvo. Aspekt = folgerichtig sein, sich gehören*

119

sollen

Андре́й до́лжен почи́стить о́бувь. Andrej soll die Schuhe putzen. Ну́жно/на́до соблюда́ть пра́вила у́личного движе́ния. Man soll/muss die Verkehrsregeln beachten. Вам сле́дует посмотре́ть вы́ставку. Sie sollen/müssen sich die Ausstellung ansehen.	*до́лжен / на́до / ну́жно / сле́дует* *in der Bedeutung"müssen"*
Нельзя́ врать. Man soll/darf nicht lügen.	*нельзя́ / не на́до / не ну́жно /* *не сле́дует oft gleichbedeutend mit* *"nicht dürfen / nicht brauchen"*
Говоря́т, что она́ больна́. Sie soll krank sein.	*Die Behauptung anderer Personen* *wird mit* **говоря́т** *wiedergegeben.*
Пусть/пуска́й иду́т! Sollen sie gehen!	*пусть / пуска́й als Aufforderung*
Что же мне сказа́ть? Was soll ich sagen?	*Fragen vom Typ "Was soll...?"* *= handelnde Person im Dativ + Verb* *im Infinitiv*

dürfen

Мо́жно (мне) войти́? Darf ich eintreten? Там мо́жно бы́ло купа́ться. Dort durfte man baden.	*мо́жно / нельзя́* *= es ist erlaubt / nicht erlaubt* *Die handelnde Person steht im Dativ,* *Prät. mit* **бы́ло**, *Fut. mit* **бу́дет**.
В лесу́ нельзя́ кури́ть. Im Wald darf man nicht rauchen.	*Bei* **нельзя́** *ergibt nur der unvo. Aspekt* *die Bedeutung "nicht erlaubt, verboten".*
Наве́рное, бу́дет нелегко́ найти́ её. Es dürfte nicht leicht sein, sie zu finden.	*Eine Vermutung wird mit eingeschobenen* *наве́рное, пожа́луй, возмо́жно u. a.* *ausgedrückt.*

wollen

Она хо́чет писа́ть пи́сьма.
Sie will Briefe schreiben.
Мы все хоти́м ми́ра.
Wir alle wollen Frieden.

хоте́ть
= *Wunsch, Wille, Absicht*
Ein konkretes Substantiv steht im
Akkusativ, ein abstraktes im Genitiv.

Мой друг хо́чет, <u>что́бы</u> мы прие́хали.
Mein Freund will, dass wir kommen.

nach *хотеть* *steht immer* <u>*что́бы*</u>

mögen

Он лю́бит пла́вать.
Er schwimmt gern.
<u>Ему́</u> хо́чется посети́ть Эрмита́ж.
Er möchte die Eremitage besuchen.
<u>Мне</u> не хо́чется есть.
Ich möchte nichts essen.

лю́бить + *Infinitiv*
= *gern tun*
(не) хо́чется, хоте́лось + *Infinitiv*
= *Ausdruck der Zu- bzw. Abneigung*
Die handelnde Person steht im <u>*Dativ*</u>.

Они́ хоте́ли бы уви́деть Байка́л.
Sie möchten (gern) den Baikal sehen.

Der Konjunktiv drückt den Wunsch
nach etwas aus.

Возмо́жно, что мы оши́блись.
Es mag sein, dass wir uns geirrt haben.

возмо́жно / мо́жет быть
zum Ausdruck einer Vermutung

brauchen

А́нне ну́жен <u>каранда́ш</u>.
Anna braucht einen Bleistift.
На э́то ну́жно бу́дет <u>вре́мя</u>.
Dafür wird man Zeit brauchen.
Его́ сы́ну нужны́ бы́ли <u>но́вые джи́нсы</u>.
Sein Sohn brauchte neue Jeans.

ну́жен, нужна́, ну́жно, ну́жны́
Das <u>*Benötigte ist Subjekt*</u> *des russischen*
Satzes und bestimmt Genus + Numerus
von *ну́жен*, *auch der Präteritum- sowie*
Futurformen von *быть*. *Die Person,*
die etwas braucht, steht im Dativ.

Мне не на́до переводи́ть.
Ich brauche nicht zu übersetzen.

не на́до / не ну́жно + *unvo. Infinitiv*
= *nicht müssen, nicht sollen (siehe da)*

Тебе́ не ну́жно боя́ться.
Du brauchst dich nicht zu fürchten.

Verneinung

не

Мой друг Мáртин **не** хóчет поéхать
со мной в Москвý.
В шкóле он учи́л **не** рýсский,
а пóльский язы́к.
Поэ́тому он хóчет поéхать
не в Росси́ю, а в Пóльшу.

Мáртин не знáет рýск**ого** язык**á**.

*Die Verneinung erfolgt allgemein
mit **не**.
не steht vor dem Prädikat oder vor
dem Satzglied, das negiert wird.*

*Das Objekt kann bei Verneinung auch
im **Genitiv** stehen.*

нет

Нет, он не говори́т по-рýсски.
Nein, er spricht nicht Russisch.

Здесь её **нет**.
Hier ist sie nicht.

***нет** entspricht dem deutschen "Nein"
bei der Antwort.*

***нет** dient zur Wiedergabe von
"es ist / sind nicht".*

ни

Мартин не знáет **ни** однóй
рýсской бýквы.
Martin kennt nicht einen einzigen
russischen Buchstaben.

Я **никогдá** нé был в Росси́и.
Ich war niemals in Russland.

Я ведь и **никогó** из Росси́и **не** знáю.
Ich kenne doch auch niemanden aus Russland.

***ни** dient zur Verstärkung der Vernei-
nung mit **не** oder **нет**. Es hat die
Bedeutung "nicht ein einziger,
kein einziger".*

***ни** ist Bestandteil von **никогдá,
никудá, нигдé, никтó, ничтó,
никакóй, ничéй**.*

*In deutschen Sätzen wird nur ein
Satzglied verneint, im Russischen
gibt es die sog. **doppelte Verneinung**.*

И я **ни с кем** не бýду говори́ть по-рýсски.
Und ich werde mit niemandem Russisch
sprechen.

*Wird ein Negationspronomen mit einer
Präposition gebraucht, dann steht
diese zwischen **ни** und dem
Pronomen.
Es wird getrennt geschrieben.*

И так они́, наве́рное, не пое́дут
ни в Росси́ю, **ни** в По́льшу.
Und so werden sie wahrscheinlich
weder nach Russland, noch nach Polen fahren.

ни ... ни hat die Bedeutung
"weder ... noch".

*Es gibt Konstruktionen mit betontem не́ in der Bedeutung "es war nichts da", wobei die
handelnde Person im Dativ steht.*

Мне не́когда. – Ich habe keine Zeit.
Оле́гу не́ с кем гуля́ть. – Oleg hat niemanden, mit dem er spazieren gehen könnte.
Им не́ о чём бы́ло говори́ть. – Sie hatten nichts, worüber sie reden konnten.
Ему́ не́чего бу́дет сказа́ть. – Er wird nichts zu sagen haben.

Прове́рьте себя́

1. Erkennen

Unterstreichen Sie alle Formen der Verneinung.

Пессими́ст расска́зывает:
Мы е́здили на кинофестива́ль. Но ничего́ осо́бенного там не уви́дели. Мо́жно
сказа́ть, что не́ было никако́го интере́сного фи́льма. Нигде́ не́ было ви́дно ни
актёров, ни режиссёров. Ни на премье́рах, ни на други́х пока́зах фи́льмов – ни
одно́й кинозвезды́. Одни́ звёздочки, кото́рые никого́ не интересу́ют. Я не
получи́л ни одного́ авто́графа. Одни́м сло́вом, я бо́льше никогда́ не пое́ду ни на
каку́ю фестива́ль.

Оптими́ст расска́зывает:
Мы ночева́ли не в само́м го́роде, а недалеко́ от телеба́шни на окра́ине го́рода.
Там но́мер был не тако́й дорого́й, как в це́нтре. В кинотеа́тр мы е́здили не ав-
томаши́ной, а авто́бусом. Коне́чно, мы не посмотре́ли все фи́льмы. Но не́ было
ни одного́ представле́ния, кото́рое бы́ло бы не интере́сно. Мы то́лько недово́ль-
ны тем, что всё так бы́стро зако́нчилось.

123

2. Umformen

Geben Sie verneinende Antworten.

1. Лари́са гото́вит обе́д?
2. Ната́ша там познако́милась с Алекса́ндром?
3. Куда́ вы е́здили ле́том?
4. Где ты был?
5. Кто звони́л?
6. С кем ты говори́ла по телефо́ну?

Lösungen

1. Пессимист рассказывает:

Мы е́здили на кинофестива́ль. Но ничего́ осо́бенного там не уви́дели. Мо́жно сказа́ть, что не́ было никако́го интере́сного фи́льма. Нигде́ не́ было ви́дно ни актёров, ни режиссёров. Ни на премье́рах, ни на други́х пока́зах фи́льмов – ни одно́й кинозвезды́. Одни́ звёздочки! Одни́ звёздочки, кото́рые никого́ не интересу́ют. Я не получи́л ни одного́ авто́графа. Одни́м сло́вом, я бо́льше никогда́ не пойду́ ни на како́й фестива́ль.

Оптими́ст расска́зывает:

Мы ночева́ли не в са́мом го́роде, а недалеко́ от телеба́шни на окра́ине го́рода. Там но́мер был не тако́й дорого́й, как в це́нтре. В кинотеа́тр мы е́здили не автомаши́ной, а авто́бусом. Коне́чно, мы не посмотре́ли все фи́льмы. Но не́ было ни одного́ представле́ния, кото́рое бы́ло бы не интере́сно. Мы то́лько недово́льны тем, что всё бы́стро зако́нчилось.

2.
1. Нет, Лари́са не гото́вит обе́д.
2. Нет, Ната́ша там не познако́милась с Алекса́ндром.
3. Мы ле́том никуда́ не е́здили.
4. Я нигде́ не́ был.
5. Никто́ не звони́л.
6. Я ни с кем не говори́ла по телефо́ну.

Zahlen

Wieviel?	Der wievielte?	Wieviel?	Der wievielte?
1 оди́н*	пе́рвый		
2 два*	второ́й	20 два́дцать	двадца́тый
3 три	тре́тий	30 три́дцать	тридца́тый
4 четы́ре	четвёртый	40 со́рок	сороково́й
5 пять	пя́тый	50 пятьдеся́т	пятидеся́тый
6 шесть	шесто́й	60 шестьдеся́т	шестидеся́тый
7 семь	седьмо́й	70 се́мьдесят	семидеся́тый
8 во́семь	восьмо́й	80 во́семьдесят	восьмидеся́тый
9 де́вять	девя́тый	90 девяно́сто	девяно́стый
10 де́сять	деся́тый	100 сто	со́тый
11 оди́ннадцать	оди́ннадцатый	200 две́сти	двухсо́тый
12 двена́дцать	двена́дцатый	300 три́ста	трёхсо́тый
13 трина́дцать	трина́дцатый	400 четы́реста	четырёхсо́тый
14 четы́рнадцать	четы́рнадцатый	500 пятьсо́т	пятисо́тый
15 пятна́дцать	пятна́дцатый	600 шестьсо́т	шестисо́тый
16 шестна́дцать	шестна́дцатый	700 семьсо́т	семисо́тый
17 семна́дцать	семна́дцатый	800 восемьсо́т	восьмисо́тый
18 восемна́дцать	восемна́дцатый	900 девятьсо́т	девятисо́тый
19 девятна́дцать	девятна́дцатый		

1 000	ты́сяча	ты́сячный
2 000	две ты́сячи	двухты́сячный
1 000 000	миллио́н	миллио́нный

У меня́ то́лько **оди́н стул**.

На столе́ лежи́т **одна́ ло́жка**.

В углу́ стои́т **одно́ кре́сло**.

У Ната́ши **два бра́та**.

У Никола́я **две сестры́**.

В мое́й ко́мнате **два окна́**.

21 два́дцать оди́н рубль

22 два́дцать два рубля́

247 две́сти со́рок семь рубле́й

6791 шесть ты́сяч девяно́сто оди́н рубль

оди́н, два́дцать оди́н, сто оди́н … рубль

одна́, два́дцать одна́, сто одна́ … ма́рка

Да́йте мне, пожа́луйста, одну́ ма́рку.

* Die Zahlen оди́н und два unterscheidet man nach dem Genus.

*Die **zusammengesetzten Zahlwörter** werden getrennt geschrieben.*
Das letzte Zahlwort bestimmt den Kasus des Substantivs.

*Endet das Zahlwort auf **1**,*
dann steht der Nominativ Singular bzw. der geforderte Kasus im Singular.

два, тридцать два ... рубля́	Endet die Zahl auf *2, 3* oder *4,*
двести со́рок три рубля́	dann steht der Genitiv Singular
Мы встре́тились со все́ми	bzw. der geforderte Kasus im Plural.
двадцатью́ четырьмя́ однокла́ссниками.	

пять, шесть, семь ... рубле́й	Endet die Zahl auf *5 ... 20, 25 ... 30* usw.
оди́ннадцать, два́дцать ... рубле́й	dann steht der Genitiv Plural
сто, ты́сяча, миллио́н ... рубле́й	bzw. der geforderte Kasus im Plural.
Мы пришли́ к двена́дцати часа́м.	

Deklination der Zahlen

Zahlen werden dekliniert, wobei bei zusammengesetzten Zahlen jeder einzelne Bestand-
teil dekliniert wird.

Мы сказа́ли это то́лько **одному́** челове́ку.	***Оди́н, два, три*** und **четы́ре** werden
Не забу́дьте о **трёх** деклара́циях!	*ähnlich wie Adjektive dekliniert.*
Та́ня прие́хала с **четырьмя́** чемода́нами.	

Она́ пришла́ сра́зу с **пятью́** друзья́ми.	*Alle Zahlen mit -ь am Ende werden*
В **двена́дцати** дома́х села́ не́ было	*nach der i-Deklination der Substantive*
холоди́льника, а телеви́зор стоя́л в	*dekliniert.*
тридцати́ восьми́ дома́х.	

| ты́сяча, миллио́н, миллиа́рд | *Diese Zahlwörter sind* **Substantive***, d.h.,* |
| | *sie verfügen über Genus und Numerus.* |

Nom.	оди́н	одна́	одно́	одни́	*Die Pluralform* **одни́** *hat*
Gen.	одного́	одно́й	одного́	одни́х	*nur in Verbindung mit*
Dat.	одному́	одно́й	одному́	одни́м	*Pluraliatanta*
Akk.	Nom./Gen.*	одну́	Nom./Gen.*	Nom./Gen.*	*Zahlwortbedeutung, z.B.*
Instr.	одни́м	одно́й	одни́м	одни́ми	*одни́ очки́.*
Präp.(об)	одно́м	одно́й	одно́м	одни́х	

Nom.	два/две	три	четы́ре
Gen.	двух	трёх	четырёх
Dat.	двум	трём	четырём
Akk.	Nom./Gen.*	Nom./Gen.*	Nom./Gen.*
Instr.	двумя́	тремя́	четырьмя́
Präp. (о)	двух	трёх	четырёх

* In Verbindung mit einem belebten Substantiv ist Akkusativ = Genitiv, ansonsten gilt
Akkusativ = Nominativ.

Nom.	со́рок	девяно́сто	сто	две́сти	пятьсо́т
Gen.	сорока́	девяно́ста	ста	двухсо́т	пятисо́т
Dat.	сорока́	девяно́ста	ста	двумста́м	пятиста́м
Akk.	со́рок	девяно́сто	сто	две́сти	пятьсо́т
Instr.	сорока́	девяно́ста	ста	двумяста́ми	пятиста́ми
Präp. (о)	сорока́	девяно́ста	ста	двухста́х	пятиста́х

Zahl – Adjektiv – Substantiv

два ма́леньких шка́фа
три больши́х стола́
два́дцать четы́ре но́вых уче́бника
четы́ре чи́стых окна́

maskulin/ neutral
Nach **два/две, три, четы́ре** *und auf sie*
endende Zahlen *folgen das Adjektiv*
im Genitiv Plural und das Substantiv im
Genitiv Singular.

две краси́вые карти́ны
четы́ре си́ние маши́ны
три́дцать три неме́цкие ма́рки

feminin
Nach **два/две, три, четы́ре** *und auf sie*
endende Zahlen *folgen das Adjektiv*
im Nominativ Plural und das
Substantiv im Genitiv Singular.

де́сять совреме́нных компью́теров
сто пять но́вых книг
семь бе́лых о́кон

Nach allen anderen Zahlen stehen Adjektiv
und Substantiv im Genitiv Plural.

с тридцатью́ одни́м ста́рым рублём
у трёх больши́х столо́в
к четырём но́вым кни́гам

In den deklinierten Kasus stimmen
Zahlwort, Adjektiv und Substantiv in
Genus und Numerus überein.

Ordnungszahlen

ты́сяча девятьсо́т се́мьдесят
   тре́тий год
шеста́я ста́нция
два́дцать **пе́рвое** письмо́

Nur der **letzte Teil** *der Zahl*
nimmt die Ordnungszahlform an.

в ты́сяча девятьсо́т се́мьдесят
   тре́ть**ем** году́
о втор**о́й** статье́
пе́ред пе́рв**ым** представле́нием

Ordnungszahlen werden wie Adjektive
dekliniert.

Unbestimmte Zahlwörter

мно́го – ма́ло – ско́лько – сто́лько – не́сколько

Ско́лько рубле́й и копе́ек в кошельке́? У меня́ мно́го копе́ек, но ма́ло рубле́й. А у меня́ сто́лько рубле́й, что за всё могу́ заплати́ть!	*Nach* **мно́го, ма́ло, ско́лько, сто́лько** **не́сколько** *steht der Genitiv Plural.*
Здесь мно́го наро́ду. В магази́не сто́лько ме́бели!	*Nach Singulariatantum steht der Genitiv* *Singular.*

Прове́рьте себя́

1. Einsetzen

Setzen Sie die Endungen ein.

Екатери́на Серге́евна заве́дует магази́ном сувени́ров. Она́ пи́шет зака́з:
– Зака́зываю:

во-пе́рвых,	два́дцать одну́ ма́леньк_____	матрёшк_____
во-вторы́х,	три́дцать четы́ре больш_____	матрёшк_____
в-тре́тьих,	девятна́дцать нове́йш_____	карт_____ Росси́и
в-четвёртых,	пятьдеся́т три план_____	го́рода_____
в-пя́тых,	со́рок шесть но́в_____	путеводи́тел_____ по го́роду

2. Schreiben

Schreiben Sie Zahlen und Prozentangaben aus. Welche richtigen Endungen erhalten die
Adjektive und Substantive in Klammern?

Анато́лий Ива́нович приво́дит статисти́ческие да́нные:
По после́дним да́нным у нас прожива́ет 3287560 (жи́тель).

—————————————————————————————————

В на́шем кра́е 54% террито́рии - э́то лес.

—————————————————————————————————

37 % ухо́дит под се́льское хозя́йство.

—————————————————————————————————

А остальны́е 9 % - э́то 37 (населённый пункт).

—————————————————————————————————

Среди них 11 (маленький город),

а 2 (город) имеют по 150000 (житель).

Интересно, что только в нашем городе 3 (вуз),

в которых учатся 5000 (студент).

А на 6 (крупное предприятие) работают 2300 человек.　　　(на + Präpositiv)

На 5 (текстильная фабрика) изготовляется нижнее бельё,

на 12 (небольшой завод) - сантехника.

Особенно мы гордимся 1 (частная фирма), производящей　　　(гордиться + Dativ)

вычислительную технику для всей страны.

Хотелось бы ещё добавить, что в 200 (километр)　　　(в + Präpositiv)

отсюда находится полярный круг.

И поэтому у нас термометр иногда показывает минус 50 (градус).

Lösungen

1. маленькую матрёшку 2. большие матрёшки 3. новейших карт 4. пляжа 5. новых путеводителей

2. три миллиона двести восемьдесят семь тысяч пятьсот шестьдесят жителей – пятьдесят четыре процента – тридцать семь процентов – девять процентов – тридцать четыре населённых пункта – одиннадцать маленьких городов – два города – сто пятьдесят тысяч жителей – три вуза – пять тысяч студентов – на шести крупных предприятиях – две тысячи триста – на пяти текстильных фабриках – на двенадцати небольших заводах – гордимся одной частной фирмой – в двухстах километрах – минус пятьдесят градусов

Wochentag

понеде́льник	в понеде́льник	am Montag	по понеде́льникам	montags
вто́рник	во вто́рник	am Dienstag	по вто́рникам	dienstags
среда́	в сре́ду	am Mittwoch	по сре́дам	mittwochs
четве́рг	в четве́рг	am Donnerstag	по четверга́м	donnerstags
пя́тница	в пя́тницу	am Freitag	по пя́тницам	freitags
суббо́та	в суббо́ту	am Samstag	по суббо́там	samstags
воскресе́нье	в воскресе́нье	am Sonntag	по воскресе́ньям	sonntags

Monat

янва́рь	в январе́
февра́ль	в феврале́
март	в ма́рте
апре́ль	в апре́ле
май	в ма́е
ию́нь	в ию́не
ию́ль	в ию́ле
а́вгуст	в а́вгусте
сентя́брь	в сентябре́
октя́брь	в октябре́
ноя́брь	в ноябре́
дека́брь	в декабре́

Jahr / Jahrhundert

год
в э́том году́
в двухты́сячном году́

век
в про́шлом ве́ке
в оди́ннадцатом ве́ке
сороковы́е го́ды двадца́того ве́ка
в семидеся́тых года́х девятна́дцатого ве́ка

Datum

Какое сегодня число?
Сегодня пятое сентября
тысяча девятьсот девяносто седьмого года.
Heute ist der 5. September 1997.

Die Angaben erfolgen
• für „der ...“
Tag – Ordnungszahl im Nominativ
Monatsname – im Genitiv
Jahr – Ordnungszahl im Gen.
+ года

Какого числа?
Я родился второго января
тысяча девятьсот сорок третьего года.
Ich wurde am 2. Januar 1943 geboren.

• für „am ...“
Tag – Ordnungszahl im Genitiv
Monatsname – im Genitiv
Jahr – Ordnungszahl im Gen.
+ года

тысяча девятьсот девяносто седьмой год
в тысяча девятьсот шестьдесят втором году
в двадцатых годах

Die Jahreszahl erscheint als
Ordnungszahl und bezieht sich
in Kasus und Numerus auf "год".

С тысяча девятьсот восемьдесят третьего года
до тысяча девятьсот девяностого года
я жила в Берлине.

с (von) + Genitiv ... до (bis)
+ Gen.

А с тысяча девятьсот девяносто первого года
по тысяча девятьсот девяносто четвёртый год
я работала за границей.

с (von) + Gen. ... по (bis ein-
schließlich) + Akkusativ

Олег работает там с тысяча девятьсот
девяностого года.

с (seit) + Gen.

Altersangabe

Сколько вам лет?
Мне тридцать один год.
Ребёнку три года.
Городу семьсот лет.

Die Person/Sache, deren Alter
angegeben wird, steht im Dativ.
Die Bezeichnung für "Jahr(e)"
ist von der jeweiligen Zahl ab-
hängig: 1, 21, 31 ... – год,
2, 3, 4, 22 ... – года,
5-20, 25-30 ... лет.

Ему лет пятьдесят.
Тане года четыре.

Wird das Alter "ungefähr" ge-
nannt, so steht die Bezeichnung
für Jahre vor der Zahlenangabe.

1. Erkennen

Schreiben Sie die Geburtsdaten der Schriftsteller auf.

1. Анто́н Па́влович **Че́хов** жил с ты́сяча восемьсо́т шестидеся́того го́да до ты́сяча девятьсо́т четвёртого го́да.
2. Лев Никола́евич **Толсто́й** (девя́тое сентября́ ты́сяча восемьсо́т два́дцать восьмо́й год – пятна́дцатое ноября́ ты́сяча девятьсо́т деся́тый год).
3. Фёдор Миха́йлович **Достое́вский** роди́лся оди́ннадцатого ноября́ ты́сяча восемьсо́т два́дцать пе́рвого го́да в Москве́ и у́мер девя́того февраля́ ты́сяча восемьсо́т во́семьдесят восьмо́го го́да в Санкт-Петербу́рге.
4. Бори́с Леони́дович **Пастерна́к** (ты́сяча восемьсо́т девяно́стый год по ты́сяча девятьсо́т шестидеся́тый год).
5. А́нна Андре́евна **Ахма́това** роди́лась в Оде́ссе два́дцать тре́тьего ию́ня ты́сяча восемьсо́т во́семьдесят девя́того го́да и умерла́ в Москве́ пя́того ма́рта ты́сяча девятьсо́т шестьдеся́т шесто́го го́да.
6. Мари́на Ива́новна **Цвета́ева** (два́дцать девя́тое сентября́ ты́сяча восемьсо́т девяно́сто второ́й год по три́дцать пе́рвое а́вгуста ты́сяча девятьсо́т со́рок пе́рвый год).

2. Einsetzen

Setzen Sie die Angaben im russischen Text ein und schreiben Sie auch die Zahlen aus.

Кла́ус обраща́ется к свои́м колле́гам:

Вот уже́ нача́ло (1) _____	August
и (2) _____ я уе́ду в Новосиби́рск.	am Freitag
Я там бу́ду рабо́тать (3) _____	vom 15. November diesen Jahres
	bis Februar 99
Зна́чит (4) _____	das Jahr 2000
встре́чу здесь на ро́дине вме́сте с ва́ми.	
Пе́рвый раз я посети́л Новосиби́рск (5) _____	am 13. Juli 1981

В э́тот день я познако́мился с Ка́тей,

на кото́рой жени́лся (6) _____	im Mai 84
В (7) _____ мы поживём у роди́телей Ка́ти,	im August
а (8) _____	von September bis November
мы бу́дем отдыха́ть на Байка́ле.	
Спаси́бо за всё и до свида́ния (9) _____	im Jahr 1999

1. 1. А. П. Че́хов (1860 - 1904); 2. Л. Н. Толсто́й (9.9.1828 - 15.11.1910); 3. Ф.М. Достое́вский (11.11.1821 - 9.2.1888); 4. Б. Л. Пастерна́к (1890 - 1960); 5. А. А. Ахма́това (23.6.1889 - 5.3.1966); 6. М. А. Цвета́ева (29.9.1892 - 31.8.1941)

2. (1) а́вгуста - (2) в пя́тницу - (3) с пятна́дцатого ноября́ э́того го́да до февраля́ девяно́сто девя́того го́да - (4) двухты́сячный год - (5) трина́дцатого ию́ля ты́сяча девятьсо́т во́семьдесят пе́рвого го́да - (6) в ма́е во́семьдесят четвёртого го́да - (7) в а́вгусте - (8) с сентября́ до ноября́ - (9) в девяно́сто девя́том году́

Uhrzeit

Die offizielle Uhrzeit-Angabe erfolgt auch im Russischen durch Aneinanderfügen von Stunden und Minuten. Dabei wird "um" durch die Präposition в + Akkusativ wiedergegeben.

Die umgangssprachliche Zeitangabe der ersten Stundenhälfte geschieht durch Anzahl der Minuten + Ordnungszahl der angebrochenen Stunde im Genitiv.

Bei der zweiten Stundenhälfte stehen nach der Präposition без die Minuten als Grundzahl im Genitiv, die Stunden im Nominativ.

Кото́рый час?		Когда́ по́езд отправля́ется?
Сейча́с... двена́дцать часо́в.		По́езд отправля́ется ... в двена́дцать часо́в.
двена́дцать часо́в пять мину́т/ пять мину́т пе́рвого.		в двена́дцать часо́в пять мину́т/ в пять мину́т пе́рвого.
двена́дцать часо́в пятна́дцать мину́т/ че́тверть пе́рвого.		в двена́дцать часо́в пятна́дцать мину́т/ в че́тверть пе́рвого.
трина́дцать часо́в три́дцать мину́т/ полови́на второ́го.		в трина́дцать часо́в три́дцать мину́т/ в полови́не второ́го.
четы́рнадцать часо́в со́рок пять мину́т/ без че́тверти три.		в четы́рнадцать часо́в со́рок пять мину́т/ без че́тверти три.
четы́рнадцать часо́в пятьдеся́т мину́т/ без десяти́ три.		в четы́рнадцать часо́в пятьдеся́т мину́т/ без десяти́ три.

Ausdrücke mit Zahlen

Автóбус прúбыл **на** дéсять минýт рáньше.
Пóезд опоздáл **на** час.
Сестрá стáрше меня **на** два гóда.
В аэропортý чемодáн оказáлся
на пять килогрáммов тяжелéе полóженного.

на + *Akkusativ zum Ausdruck für ein Maß, einen Vergleich.*

Приходúте **чéрез** двáдцать минýт.
Светлáна приéдет **чéрез** две недéли.
Ивáн закóнчит учёбу **чéрез** три мéсяца.

чéрез + *Akk. in der Bedeutung "nach einer bestimmten Zeit", Deutsch mit "in" ausgedrückt.*

За два часá мы вы́полнили задáние.
Николáй доéдет до столúцы **за** сýтки.
Марýся вы́учила немéцкий язы́к **за** два гóда.

In Sätzen mit **за** *steht* immer *der vollendete Aspekt (d.h., die Handlung ist abgeschlossen), Deutsch mit "in" ausgedrückt.*

Мы рабóтали **два часá**.
Пóезд в Москвý éхал трúдцать три часá.
Олéг ужé четы́ре гóда ýчится немéцкому языкý.

Akkusativ **ohne Präposition** *für die Dauer, in der Bedeutung "(zwei Stunden) lang".*

Расстоя́ние: **в** двух шагáх отсю́да

Entfernung: **в** + *Präpositiv*

Размéры кóмнаты: 6 мéтров в длинý,
4 мéтра в ширинý, 3 мéтра в высотý

Länge / Breite / Höhe

1. Erkennen

Finden Sie alle Zeitangaben heraus und übersetzen Sie sie.

Берли́нский по́езд прибу́дет в два́дцать два часа́ пятьдеся́т две мину́ты. По́здно ве́чером авто́бусы хо́дят ре́же: в два́дцать со́рок шесть, в два́дцать оди́н час шесть мину́т, пото́м в полови́не деся́того и без шести́ де́сять. На вокза́л мы е́дем мину́т пятьдеся́т, до остано́вки де́сять мину́т ходьбы́. Э́то зна́чит, что мы должны́ вы́йти из до́ма уже́ в че́тверть деся́того и сесть на авто́бус, кото́рый идёт в два́дцать оди́н час три́дцать мину́т. На вокза́л мы прибу́дем в два́дцать мину́т оди́ннадцатого. Полчаса́ мо́жно погуля́ть на вокза́ле, зайти́ в кни́жный кио́ск.

2. Einsetzen

Sagen Sie die Zeiten auf Russisch.

Оте́ц разъясня́ет де́тям, как пройдёт пе́рвый день о́тпуска:
За́втра мы вста́нем (10 nach 4).
(ca. 15 Minuten) бу́дем за́втракать.
(Halb 5) такси́ бу́дет стоя́ть пе́ред до́мом и отвезёт нас на вокза́л.
По расписа́нию наш по́езд отойдёт (um 5.17 Uhr).
(In 2 Stunden) прибу́дем в Берли́н.
А наш самолёт вылета́ет (8.05 Uhr).
В Москву́ прилети́м (7.40 Uhr) по моско́вскому вре́мени.

3. Sortieren

Finden Sie die passenden Zeitangaben heraus und setzen Sie ein.
че́рез два го́да, в пяти́ мину́тах ходьбы́, три часа́, за ночь, на це́лый час, на семь лет

1. Мой брат моло́же меня́ _____

2. Нет, в э́том году́ никто́ не прие́дет.

   Друзья́ прие́дут _____

3. Никола́й никогда́ не прихо́дит во́время,

   он всегда́ опа́здывает _____

1. 22.52 Uhr - 20.46 Uhr - 21.06 Uhr - halb zehn - 6 vor 10 - ca. 50 Minuten - 10 Minuten - Viertel 10 - 21.30 Uhr - 20 nach 10 - eine halbe Stunde

2. в де́сять мину́т пя́того - мину́т пятна́дцать - Полпя́того / В полови́не пя́того - в пять (часо́в) семна́дцать (мину́т) - че́рез два часа́ - в во́семь (часо́в) пять (мину́т) - в семь (часо́в) со́рок (мину́т)

3. 1. на семь лет 2. че́рез два го́да 3. на це́лый час 4. три часа́ 5. за ночь 6. в пяти́ мину́тах ходьбы́

Lösungen

4. Кла́ва чита́ла в

5. Его́р прочита́л рома́н

6. Подру́га живёт недалеко́,

Lautwechsel

Das Wissen um Konsonanten- und Vokalwechsel ist hilfreich bei der Formenbildung, aber auch beim Erschließen und Lernen der Wörter.

Konsonantenwechsel

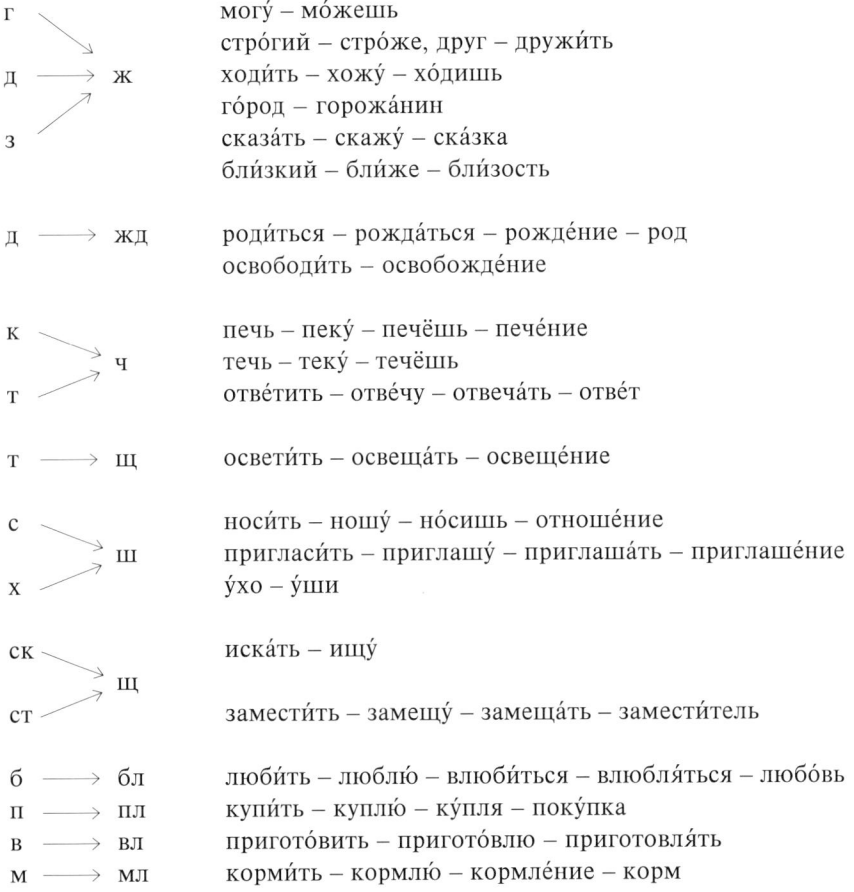

г

могу́ – мо́жешь
стро́гий – стро́же, друг – дружи́ть

д ⟶ ж

ходи́ть – хожу́ – хо́дишь
го́род – горожа́нин

з

сказа́ть – скажу́ – ска́зка
бли́зкий – бли́же – бли́зость

д ⟶ жд

роди́ться – рожда́ться – рожде́ние – род
освободи́ть – освобожде́ние

к

печь – пеку́ – печёшь – пече́ние
течь – теку́ – течёшь

т ⟶ ч

отве́тить – отвечу́ – отвеча́ть – отве́т

т ⟶ щ

освети́ть – освеща́ть – освеще́ние

с

носи́ть – ношу́ – но́сишь – отноше́ние
пригласи́ть – приглашу́ – приглаша́ть – приглаше́ние

х ⟶ ш

у́хо – у́ши

ск

иска́ть – ищу́

ст ⟶ щ

замести́ть – замещу́ – замеща́ть – замести́тель

б ⟶ бл

люби́ть – люблю́ – влюби́ться – влюбля́ться – любо́вь

п ⟶ пл

купи́ть – куплю́ – ку́пля – поку́пка

в ⟶ вл

пригото́вить – пригото́влю – приготовля́ть

м ⟶ мл

корми́ть – кормлю́ – кормле́ние – корм

Vokalwechsel

е	⟶	ё	село́ – сёла – посёлок, течёт – тече́ние
о	⟶	а	останови́ть – остана́вливать
и	⟶	е	убира́ю – уберу́
ов/ев	⟶	у/ю	интересова́ть – интересу́ю, танцева́ть – танцу́ю

Vokalausfall und -einschub

о	⟶	–	любо́вь – любви́
–	⟶	о	ку́кла – ку́кол
е	⟶	–	ве́тер – ве́тра, день – дни
–	⟶	е	ру́чка – ру́чек

Sie sollten auch die unterschiedliche Schreibweise von и bzw. ы nach Präfix auf harten Konsonanten kennen: иска́ть – разы́скивать, игра́ть – сыгра́ть.

Unregelmäßige Verben

Infinitiv	dt. Bedeutung	Konjugation	Präteritum	Imperativ
бежа́ть *(unvo.)*	laufen, rennen	бегу́, бежи́шь, бегу́т	бежа́л	беги́
боле́ть *(unvo.)*	schmerzen	*1. u. 2. Pers. ungebr. 3. Pers.* боли́т, боля́т	боле́л	*ungebr.*
брать *(unvo.)*	nehmen	беру́, берёшь, беру́т	бери́	брал
быть *(unvo.)*	sein	бу́ду, бу́дешь, бу́дут	будь	был
везти́ *(unvo.)*	fahren (trans.)	везу́, везёшь, везу́т	вёз, везла́, -о́, -ли́	вези́
вести́ *(unvo.)*	führen	веду́, ведёшь, веду́т	вёл, вела́, -о́, -ли́	веди́
взять *(vo.)*	nehmen	возьму́, возьмёшь, возьму́т	взял, взяла́, -о, -ли	возьми́
ви́деть *(unvo.)*	sehen	ви́жу, ви́дишь, ви́дят	ви́дел	(смотри́)
висе́ть *(unvo.)*	hängen	*1. u. 2. Pers. ungebr., 3. Pers.* виси́т, вися́т	висе́л	*ungebr.*
встава́ть *(unvo.)*	aufstehen	встаю́, встаёшь, встаю́т	встава́л	встава́й
встать *(vo.)*	aufstehen	вста́ну, вста́нешь, вста́нут	встал	встань
дава́ть *(unvo.)*	geben	даю́, даёшь, даю́т	дава́л	дава́й
дать *(vo.)*	geben	дам, дашь, даст, дади́м, дади́те, даду́т	дал, дала́, -о, -и	дай
держа́ть *(unvo.)*	halten	держу́, де́ржишь, де́ржат	держа́л	держи́
есть *(unvo.)*	essen	ем, ешь, ест, еди́м, еди́те, едя́т	ел	ешь
е́хать *(unvo.)*	fahren	е́ду, е́дешь, е́дут	е́хал	(поезжа́й)
ждать *(unvo.)*	warten	жду, ждёшь, ждут	ждал, ждала́, -о, -и	жди
жить *(unvo.)*	leben, wohnen	живу́, живёшь, живу́т	жил, жила́, -о, -и	живи́

забы́ть *(vo.)*	vergessen	забу́ду, забу́дешь, забу́дут	забы́л	забу́дь
закры́ть *(vo.)*	schließen	закро́ю, закро́ешь, закро́ют	закры́л	закро́й
заня́ться *(vo.)*	sich beschäftigen	займу́сь, займёшься, займу́тся	занялся́, заняла́сь	займи́сь
звать *(unvo.)*	rufen, nennen	зову́, зовёшь, зову́т	звал, звала́, -о, -и	зови́
идти́ *(unvo.)*	gehen	иду́, идёшь, иду́т	шёл, шла, -о, -и	иди́
иска́ть *(unvo.)*	suchen	ищу́, и́щешь, и́щут	иска́л	ищи́
класть *(unvo.)*	legen	кладу́, кладёшь, кладу́т	клал	клади́
лежа́ть *(unvo.)*	liegen	лежу́, лежи́шь, лежа́т	лежа́л	лежи́
лете́ть *(unvo.)*	fliegen	лечу́, лети́шь, летя́т	летел	лети́
лечь *(vo.)*	sich hinlegen	ля́гу, ля́жешь, ля́гут	лёг, легла́, -ó, -и́	ляг
мочь *(unvo.)*	können	могу́, мо́жешь, мо́гут	мог, могла́, -ó, -и́	*ungebr.*
мыть *(unvo.)*	waschen	мо́ю, мо́ешь, мо́ют	мыл	мой
наде́ть *(vo.)*	anziehen	наде́ну, наде́нешь, наде́нут	наде́л	наде́нь
наде́яться *(unvo.)*	hoffen	наде́юсь, наде́ешься, наде́ются	наде́ялся	наде́йся
назва́ть *(vo.)*	nennen	назову́, назовёшь, назову́т	назва́л, -á, -о, -и	назови́
нача́ть *(vo.)*	beginnen	начну́, начнёшь, начну́т	на́чал, -á, -о, -и	начни́
нести́ *(unvo.)*	tragen	несу́, несёшь, несу́т	нёс, несла́, -ó, -и́	неси́
остава́ться *(unvo.)*	bleiben	остаю́сь, остаёшься, остаю́тся	остава́лся	остава́йся
оста́ться *(vo.)*	bleiben	оста́нусь, оста́нешься, оста́нутся	оста́лся	оста́нься
откры́ть *(vo.)*	öffnen	откро́ю, откро́ешь, откро́ют	откры́л	откро́й
перевести́ *(vo.)*	übersetzen	переведу́, переведёшь, переведу́т	перевёл, перевела́	переведи́

петь (unvo.)	singen	пою́, поёшь, пою́т	пел	пой
печь (unvo.)	backen	пеку́, печёшь, пеку́т	пёк, пекла́, -о́, -и́	пеки́
писа́ть (unvo.)	schreiben	пишу́, пи́шешь, пи́шут	писа́л	пиши́
пить (unvo.)	trinken	пью, пьёшь, пьют	пил, пила́, -о, -и	пей
плыть (vo.)	schwimmen	плыву́, плывёшь, плыву́т	плыл, плыла́, -о, -и	плыви́
показа́ть (vo.)	zeigen	покажу́, пока́жешь, пока́жут	показа́л	покажи́
помо́чь (vo.)	helfen	помогу́, помо́жешь, помо́гут	помо́г, помогла́, -о́, -и́	помоги́
поня́ть (vo.)	verstehen	пойму́, поймёшь, пойму́т	по́нял, поняла́, -о, -и	пойми́
продава́ть (unvo.)	verkaufen	продаю́, продаёшь, продаю́т	продава́л	продава́й
прода́ть (vo.)	verkaufen	прода́м, прода́шь, прода́ст, продади́м, продади́те, продаду́т	про́дал, продала́, -о, -и	прода́й
рассказа́ть (vo.)	erzählen	расскажу́, расска́жешь, расска́жут	рассказа́л	расскажи́
расти́ (unvo.)	wachsen	расту́, растёшь, расту́т	рос, росла́, -о́, -и́	расти́
сесть (vo.)	sich setzen	ся́ду, ся́дешь, ся́дут	сел	сядь
сиде́ть (unvo.)	sitzen	сижу́, сиди́шь, сидя́т	сиде́л	сиди́
сказа́ть (vo.)	sagen	скажу́, ска́жешь, ска́жут	сказа́л	скажи́
слы́шать (unvo.)	hören (vernehmen)	слы́шу, слы́шишь, слы́шат	слы́шал	
собра́ть (vo.)	sammeln	соберу́, соберёшь, соберу́т	собра́л, собрала́, -о, -и	собери́
спать (unvo.)	schlafen	сплю, спишь, спят	спал, спала́, -о, -и	спи
стать (unvo.)	werden	ста́ну, ста́нешь, ста́нут	стал	стань
стоя́ть (unvo.)	stehen	стою́, стои́шь, стоя́т	стоя́л	стой
хоте́ть (unvo.)	wollen	хочу́, хо́чешь, хо́чет, хоти́м, хоти́те, хотя́т	хоте́л	ungebr.

Wortindex